Raphael Thies

Next Station Unknown

Raphael Thies

Next Station Unknown

Impressum

Bibliografische Information der Deutschen Nationalbibliothek:

Die Deutsche Nationalbibliothek verzeichnet diese Publikation in der Deutschen Nationalbibliografie; detaillierte bibliografische Daten sind im Internet über dnb.dnb.de abrufbar.

© 2021 Raphael Thies

Herstellung und Verlag: BoD – Books on Demand, Norderstedt

ISBN 978-3752-626360

Covergestaltung: Jennifer Kastner Grafik & Design www.jenniferkastner.de

Bildnachweis: julian-stock.adobe.com

Für Dich.

Dieses Buch ist meinen Lesern gewidmet.

«Nächster Halt, Wasserturm», höre ich die Ansage in der Straßenbahn, jedoch ohne besonders darauf zu achten. Bin ich doch gerade in meiner Traumwelt. Die Traumwelt, in welche ich seit zwei Wochen Tag für Tag versinke.

Außer Donnerstags.

Immer um 15:53 Uhr. Immer dann, wenn meine Straßenbahn um diese Uhrzeit am Paradeplatz vorbeifährt, steht sie da.

Außer Donnerstags.

Ich hab' keine Ahnung, wer sie ist, wie sie heißt, woher sie kommt und wohin sie fährt. Aber ich weiß, wie sie aussieht und das lässt mich tagtäglich in meine Traumwelt entschwinden.

Außer Donnerstags.

Gerade eben bin ich wieder an ihr vorbei gefahren, am süßesten Lächeln dieser Stadt. An einem Montag ist sie mir zum ersten Mal aufgefallen und seither sehe ich sie jeden Nachmittag auf meinem Heimweg von der Schule.

Außer Donnerstags.

Heute ist Freitag, was bedeutet, dass ich die nächsten beiden Tage auf meine Engelsbegegnung verzichten muss. Aber am Montag wird sie wieder da stehen und auf ihre Straßenbahn warten. Um kurz vor vier am Paradeplatz. So wie eben. Wir haben uns kurz in die Augen geblickt und uns angelächelt. Dann fuhr meine Straßenbahn auch schon weiter. Dieses Spielchen gab es jetzt schon ein paar Mal, unsere Begegnungen dauern immer nur Sekunden.

Gleich hält meine Straßenbahn am Hauptbahnhof. Wo mag sie jetzt wohl sein? Vor zehn Minuten hab ich sie gesehen, doch ich habe keinen blassen Schimmer, wo sie jetzt ist. Ich fahre weiter. Immer weiter weg vom Paradeplatz, immer weiter weg von ihr. Und ich freue mich schon drauf, sie am Montag wieder zu sehen. Bis dahin denke ich an sie, meine schöne Unbekannte vom Paradeplatz.

Mein Name ist Dominik Reichenbach. Ich bin 16 Jahre alt und gehe in die 10. Klasse. Endlich der Abschlussjahrgang. Wirklich Bock auf die Schule habe ich schon lange nicht mehr. Hatte ich den je gehabt? Vielleicht in der ersten Klasse, als man Zahlen nur bunt ausmalen musste. Eigentlich könnte man doch annehmen, dass ich als Sohn eines Steuerberaters und einer kaufmännischen Angestellten ein besseres Zahlenverständnis habe, aber irgendwie falle ich da komplett aus der Rolle. Dummerweise kann ich auch in keinem anderen Fach besonders glänzen.

Ich sitze meine Zeit mehr ab, anstatt mich für etwas zu begeistern. Habe nur das Ziel vor Augen, bald nicht mehr jeden Tag ins Klassenzimmer kommen zu müssen. Doch wie es danach aussieht? Keine Ahnung. Bewerbungen habe ich zwar schon ein paar geschrieben, blieb mir ja nichts anderes übrig. Aber wirklich einen Traumberuf, hab ich nicht. Jeden Tag den selben Ablauf, das selbe Tun, die selben blöden Gesichter um einen herum. Das hab ich die letzten zehn Jahre schon. Glücklicherweise bleiben mir künftig solche

Zeitverschwendungen wie die Klassenfahrt erspart. Ich wollte ja gar nicht mit, aber mir fiel keine plausible Ausrede ein. Also Augen zu und durch. Wobei Augen auf wohl besser passte. In den fünf Nächten hatte ich jedenfalls nur sehr wenig geschlafen. Bei jedem Geräusch riss ich die Augen auf, um nicht wieder unfreiwilliger Hauptdarsteller ihrer blöden Scherze zu werden. Ich hatte keine Lust, mitten in der Nacht Bekanntschaft mit einem Stift oder Rasierschaum in meinem Gesicht zu machen. Dass sie mich dann am letzten Abend doch noch dran gekriegt haben, indem sie mir, als ich unter der Dusche stand, meine Klamotten dazu warfen, war dann weder abzusehen noch zu verhindern. Die Idioten lachten sich schlapp und johlten durch das ganze Haus und ich trottete wie ein begossener Pudel zurück ins Zimmer.

' *Was du in der Schule lernst, macht dich stark für dein Leben* ' hat mein Vater mal gesagt. An manchen Tagen frage ich mich, ob ich stark genug bin, für die Schule.

Samstag.

Dichter Nebel ist alles was ich sehe, als ich den Rollladen hochgezogen habe. Der Wetterbericht hat zwar von einem trüben Wochenende gesprochen, aber ich kann kaum die Häuser auf der anderen Straßenseite erkennen. Ich nehme dies zum Anlass, mich nochmal unter meine Bettdecke zu verkriechen. Ich schließe meine Augen und plötzlich erscheint mir das Mädchen von der Haltestelle. Ganz deutlich kann ich sie erkennen, vor meinem inneren Auge. Wir stehen uns gegenüber, lächeln, umarmen uns, unsere Lippen kommen sich näher.

«Na du alte Schlafmütze, willst du nicht endlich aus den Federn kommen?»

Meine kleine Schwester steht im Zimmer und reißt mich unsanft aus meinen Gedanken. Als sie mir die Bettdecke weg zerrt, kann ich mich gerade noch rechtzeitig zur Seite drehen, um die verdächtige Beule in meiner Schlafanzughose zu verbergen. Mit einem nicht wirklich freundlichen Blick signalisiere ich Stephanie, dass sie sich doch

11

bitte verziehen soll. « Ich steh ja gleich auf, aber jetzt raus hier.»

«Nur nicht zu freundlich», entgegnet sie mit einem verzerrten Grinsen.

Besser kann das Wochenende doch gar nicht beginnen. Wieder liege ich mit dem Blick zur Decke auf meinem Bett, doch diesmal erscheint mir niemand.

Die Aggressionen gegen meine Schwester haben sich wieder gelegt, als ich mich eine Viertelstunde später zu ihr an den Frühstückstisch setze. Endlich mal genug Zeit für die Cornflakes zu haben, das ist ein klares Zeichen, dass Wochenende ist. Während ich mir eine zweite Schüssel gönne, lichtet sich sogar der Nebel und ein paar Sonnenstrahlen zeigen sich.

Nach dem Frühstück gilt es, sich fertig zu machen. Heute steht der Großkampftag in Sachen Weihnachten an. Das ist in zwei Wochen und einem Tag das 16. Weihnachtsfest in meinem Leben und seit ich mich erinnern kann, ging es immer am zweiten Adventssamstag zum X-mas-Shopping. Diese Tradition gehört für mich,

Stephanie und unsere Mutter einfach dazu. Besonders wichtig finde ich, dass wir das beibehalten haben, nachdem Paps vor zwei Jahren gestorben ist. Dieser blöde, betrunkene Raser hatte ihm so den Weg abgeschnitten, dass er den Heimweg nicht vollenden konnte. Er hatte keine Chance. Zu nass war die Straße, zu stark war der Baum. Es war ein grässlicher Abend. Erst das Warten ohne eine Nachricht von ihm, da hatten wir schon schlimme Befürchtungen. Als dann später zwei Polizisten vor der Tür standen, war es einfach nur der schlimmste Augenblick meines Lebens. Wenn ich jetzt daran denke, läuft es mir immer noch eiskalt den Rücken herunter. Rebecca, meine große Schwester, war ein paar Wochen vorher mit ihrem Freund zusammen gezogen. Sie war es, die als letzte mit Paps gesprochen hatte. Er hatte sie kurz nach Feierabend angerufen, weil er am nächsten Tag bei ihr vorbeikommen und seine Wasserwaage abholen wollte. Welch ein blödes, belangloses Thema für die letzten Worte eines geliebten Menschen. Paps hatte nie viele Worte gemacht. Er hatte seinen eigenen Humor und man wusste, man konnte sich auf ihn verlassen, auch wenn er es einem nicht extra sagte. Wenn man ihn brauchte war er immer da. Die Wasserwaage hat seitdem, glaube ich, niemand mehr angefasst.

Plötzlich werde ich aus meinen Gedanken gerissen.

«Dominik, Telefon für dich», meint meine Mutter, mir den Telefonhörer entgegenstreckend.

Klar hab ich Lust auf Eishockey. Da trifft es sich gut, dass mein Kumpel Maxim noch eine Karte für morgen übrig hat.

Maxim ist der einzige in meiner Klasse, mit dem ich so etwas wie befreundet bin. Wenn man es so ausdrücken will. Als er letztes Jahr in unsere Klasse kam, stand er genauso allein da wie ich. Vor ein paar Wochen hat er bei mir die Begeisterung für Eishockey geweckt. Wir waren schon zweimal zusammen in der SAP-Arena bei einem Spiel der Adler und es war immer eine klasse Stimmung und hat richtig Spaß gemacht.

Maxim war mit seiner Familie kurz vor Ostern nach Mannheim gezogen. Drei Jahre zuvor kamen sie aus Russland nach Deutschland, in das Land ihrer Vorfahren. Dies musste damals ziemlich schnell gehen, hat Maxim mir mal erzählt. Sein Vater hatte ein kleines Restaurant in einer Stadt mit einem unaussprechlichen Namen. Es war jedenfalls nicht Moskau oder Sankt Petersburg, die beiden Städte, an die man bei Russland wohl als erstes denkt, sondern eine Kleinstadt irgendwo dazwischen. Das Geschäft lief eigentlich immer gut und die Familie war glücklich und zufrieden. Maxim erzählt immer mit viel Begeisterung von seiner Kindheit dort. Wenn er mal erzählt. Doch als ein guter Bekannter der Familie sich als Bürgermeisterkandidat aufstellten lies und seine politischen Treffen in dem Restaurant abhielt, begannen die Probleme. Zuerst wurde nur hinter vorgehaltener Hand geredet, es wurden Gerüchte gestreut, dass man im Restaurant verdorbene Lebensmittel verwenden würde und es in der Küche dreckig sei. Dann wurde eines Nachts eine Scheibe eingeschlagen. Maxim's Vater lies das nicht auf sich sitzen und unterstützte seinen Bekannten danach aktiv und stellte sich hinter dessen Kritik an der bestehenden Regierung.

Das habe dann böse Konsequenzen gehabt. Viele Leute mieden das Restaurant. Manche wohl einfach aus Angst, dass etwas passieren könnte, andere aus politischen Gründen. Zwar kamen nach einer Weile auch neue Gäste, aber es wäre ein ganz anderes Gefühl gewesen. Maxim selbst hat viel Zeit dort verbracht. Er hat nach der Schule geholfen Gemüse zu schneiden oder Geschirr gespült und seinen Eltern immer über die Schulter geschaut. Seine Mutter war die Kellnerin, sein Vater der Koch. Ein echter Familienbetrieb.

Eines Abend stand plötzlich die Polizei vor der Tür und der Vater von Maxim wurde verhaftet. Drei Tage musste er im Gefängnis verbringen. Zwei Monate später das gleiche Spiel nochmal. Und er hat von Drohungen erzählt. Nichts genaues, da wollte er nicht näher darauf eingehen und ich habe mich auch nicht getraut nachzufragen, aber ich bin sicher, dass es sich nicht um Kleinigkeiten gehandelt hat. Da bekam die Familie dann Angst, hat sich nicht mehr sicher gefühlt und sich zur Ausreise nach Deutschland entschieden, um hier einen Neuanfang zu wagen. Die Familie sei wichtiger als Ruhm und beruflicher Erfolg. Sein Vater hat mal gesagt, einen Job könne man überall auf der Welt finden, die Familie jedoch gibt es nur einmal. Da hat er recht.

Ich erinnere mich noch gut daran, als ich das erste Mal bei Maxim zu Hause war. Ich bin nach der Schule direkt mit ihm mitgegangen, weil wir gemeinsam lernen wollten. Zuerst haben wir mit seinen Eltern zu Mittag gegessen. Da wusste ich noch nicht, dass sie mal ein Restaurant hatten. Wir haben fast zwei Stunden gesessen und es gab so viele leckere Sachen, da hatten wir danach keine Lust mehr aufs lernen. In seinem Zimmer hat er mir dann von seiner Vergangenheit erzählt und auch ich habe ihm vom Tod meines Vaters berichtet. Für die Schule haben wir an diesem Nachmittag nichts mehr getan, aber uns dafür besser kennengelernt. Seine Eltern sind um einiges lebhafter als er, habe ich den Eindruck. Als wir in Maxim's Zimmer waren, haben diese sich in der Küche auf Russisch unterhalten. Ich hab zweimal erschrocken zu Maxim geguckt, ob die beiden sich etwa streiten. Für mich klang das alles in etwa wie Ratta-tat-ratta-tat. Er hat nur abgewunken und gemeint, es sei alles in Ordnung. Er selbst ist dort auch anders als in der Schule oder wenn er bei mir ist. Daheim ist er agiler, lacht mehr. Außerhalb deren Wohnung ist er eher ruhig. Wie ich.

Inzwischen stehe ich vor meinem Kleiderschrank und habe mich umgezogen. Noch kann ich mir keine Gedanken über das Eishockeyspiel morgen machen. Gleich geht es zum Weihnachtsshopping und ich bin mir noch immer nicht wirklich im Klaren, was ich denn eigentlich kaufen will.

Schnellen Schrittes mache ich mich auf den Weg ins Badezimmer um das Haargel zu holen, während ich gedanklich schon mal das Kaufhaus durchgehe. Ich öffne die Badezimmertür und ein schriller Schrei lässt mich im Eingang erstarren.

Stephanie steht unter der Dusche und schreit: «Kannst du nicht anklopfen?»

«Kannst du nicht abschließen?», entgegne ich ebenfalls lauthals und kann der aus Richtung Dusche kommenden Shampooflasche gerade noch ausweichen. Weswegen regt die sich eigentlich so auf, frage ich mich auf dem Weg zurück in mein Zimmer. Das Haargel hole ich lieber später. Wer weiß, welche Wurfgeschosse sie noch in ihrer Nähe hat.

Irgendwann haben wir's dann doch noch in die Innenstadt geschafft. Tausende andere auch. Deswegen geht es meistens nur mit der Masse voran. Oder eben gar nicht. Allerorts blinken bunte Lichter, düdelt Weihnachtsmusik, wird Glühwein ausgeschenkt und mittendrin unzählige Leute mit planlosem Gesichtsausdruck, auf der Jagd nach dem perfekten Weihnachtsgeschenk. Und dann heißt es, die Weihnachtszeit wäre die besinnliche Zeit des Jahres?

Zu meiner eigenen Überraschung komme ich selbst aber gut voran und habe bald ein paar Sachen beisammen, von denen ich denke, dass sie sich gut unter dem Weihnachtsbaum machen. Da auch meine Mutter und meine Schwester schon die ein oder andere Tüte tragen, denke ich, wird es bald nach Hause gehen. Mit meinen Gedanken bin ich schon bei morgen Mittag, wenn ich zum Eishockey gehe. Noch hab ich die Karte zwar nicht, aber auf Maxim ist Verlass. Anstatt zum Parkhaus biegen meine beiden Damen aber noch in ein Klamottengeschäft ab. Nun gut, denke ich mir, es ist ja Weihnachten. Dann will zumindest ich besinnlich sein. Ich trotte den beiden hinterher und registriere noch, dass sie nach der Rolltreppe auf die Unterwäscheabteilung zugehen. Ich blicke mich etwas um. Doch weniger nach den Klamotten, sondern eher nach den Mädchen, die auch hier sind. Meine Augen erblicken eine Blondine, die ein Teil aus sehr wenig Stoff begutachtet. In meiner Fantasie stelle ich mir sie vor, mit nichts anderem an, ausser dieser roten Unterwäsche. Ich merke, wie mein Blutdruck steigt. Sie entschließt sich gegen einen Kauf. Mir bleibt meine Fantasie, ihr der Weg nach draußen.

Um mich herum herrscht reges Treiben und ich fühle mich irgendwie fehl am Platz. Mit einem eindringlichen Blick mache ich meine Mutter auf meine Situation aufmerksam.

«Nur noch fünf Minuten. Stephanie sucht noch was», entgegnet sie. Ich atme tief ein, versuche den verständnisvollen Sohn bzw. Bruder abzugeben. Meine Augen begeben sich nochmals auf die Suche nach Futter für die Sinne, doch etwas ansprechendes entdecke ich nicht mehr. Mein Blick wandert zur Uhr, meine Mundwinkel nach unten. Seit einer gefühlten Ewigkeit stehe ich hier in der Abteilung für Damenunterwäsche. Und weshalb? Stephanie sucht noch was. Dass ich nicht lache. Wofür um alles in der Welt braucht die mit ihren elf Jahren einen BH? Da ist Schule ja angenehmer. Dort weiß ich zumindest, wann es vorbei ist.

4

Sonntag.

Irgendwie scheine ich den gestrigen Tag dann noch überstanden zu haben, denn in Fleisch und Blut komme ich vor der SAP Arena an. Es sind schon zahlreiche Fans dort, auch von den Frankfurt Lions, dem heutigen Gegner. Die Stimmung wird sicher wieder hammermäßig. Keine fünf Minuten später kommt auch Maxim. Ich sag's ja, auf den Kerl ist Verlass. An seiner Seite eine mir bis dahin nicht bekannte Rothaarige.

«Hi Dom, das ist meine Freundin Anastasia», stellt er uns einander vor. So schnell werden Fragen beantwortet. In der Warteschlange vor dem Eingang haben Anastasia und ich dann ausreichend Gelegenheit ins Gespräch zu kommen. Ich kann Maxim nur beglückwünschen. Seine Herzensdame sieht nicht nur bezaubernd aus, sie ist auch noch total nett. Der Kerl hat echt Glück. Am besten finde ich, dass die beiden mich zu keinem Zeitpunkt das Gefühl bekommen lassen, als wäre ich das fünfte Rad am Wagen. An Maxim's Stelle wäre ich lieber mit meiner Freundin allein, aber so freut es mich umso mehr, dass ich dabei bin.

Als wir endlich drin sind, herrscht schon vor Beginn des Spiels Gänsehautatmosphäre. Tausende Fans singen und die Lichtshow, wenn die Mannschaften aufs Eis kommen, beeindruckt mich jedes mal aufs Neue. Die Arena ist ausverkauft und wir stehen auf engem Raum beieinander und feuern die Adler mit allen Kräften an. Immer wieder geht mein Blick von der Eisfläche auch zu Anastasia und Maxim. Er steht hinter ihr und umfasst sie ganz vertraut mit den Armen, während er über ihren Kopf hinweg das Spielgeschehen verfolgt. Jedes Tor wird mit einem Kuß gefeiert. Ich frage mich, warum er mir nie gesagt hat, dass er eine Freundin hat.

Nach knapp zwei Stunden singen, jubeln, hüpfen und klatschen fühle auch ich mich ein wenig erschöpft und meine Stimme wirkt leicht heiser. Aber es hat sich gelohnt. Ein knapper Sieg für die Mannheimer Adler gegen den Rivalen steht auf der Anzeigetafel.

Es ist schon dunkel als wir zusammen mit vielen blau-weiß-rot gekleideten Menschen aus der Arena raus kommen und zur Straßenbahn gehen.

Das Wochenende nimmt somit einen richtig schönen Abschluss. So viel Spaß wie ich heute hatte, gibt es nicht alle Tage. Eishockey ist immer was tolles, aber Anastasia machte es irgendwie zu etwas ganz besonderem.

5

Montag.

Welcher Schwachkopf kam nur auf die Idee, ausgerechnet Mathe in die erste Stunde am Montag zu legen? Diese Frage stelle ich mir Woche für Woche und das seit Schuljahresbeginn. Anstatt mich auf irgendwelche Formeln zu konzentrieren, rede ich lieber mit Maxim über den gestrigen Tag. Zumindest so lange, bis unser Lehrer uns deutlich darauf aufmerksam macht, es bleiben zu lassen. Ich hab gerade noch einmal Glück, dass nicht ich an die Tafel muss, um die nächste Aufgabe vor den Augen aller zu lösen. Maxim bekommt das besser hin.

Später in der Pause führen wir unsere Unterhaltung ohne den störenden Blick von Herrn Zwilling fort. «Woher kennst du eigentlich Anastasia? Wie habt ihr euch kennengelernt?», frage ich ihn.

«Vor drei Wochen beim Einkaufen.»

Man muss einfach nur zum richtigen Zeitpunkt am passenden Ort sein. Ich beneide ihn.

Irgendwie schaffe ich es, den Schultag hinter mich zu bekommen und sitze in der Straßenbahn auf dem Weg nach Hause. Mit jeder vergehenden Minute bessert sich meine Laune noch weiter.

15:41 Uhr. Vorfreude steigt auf.

15:45 Uhr. Durchsage des Fahrers: «Wegen einer technischen Störung kann der Paradeplatz derzeit nicht angefahren werden. Wir werden über Rosengarten und Kunsthalle umgeleitet.»

Wie bitte?? Soll das jetzt ein Scherz sein? Fassungslos blicke ich aus dem Fenster, als die Bahn, nachdem sie den Neckar überquert hat, anders als sonst, nach links abbiegt. Innerlich verfluche ich den ganzen Tag. Ich will nur noch nach Hause. Dort ist die Gefahr solcher blöden Überraschungen zumindest geringer. Hoffe ich.

Als ich die Wohnungstür hinter mir geschlossen habe, spüre ich schon die angespannte Stimmung. Ich hänge meine Jacke an die Garderobe und höre meine Mutter fluchen. Ich werfe erst einen Blick zu ihr in die Küche, ehe ich mich zu fragen traue, was denn los ist.

«Deine Schwester meint, dieses Jahr nicht mit uns Weihnachten feiern zu wollen, sondern möchte die

Feiertage lieber mit ihrem Lukas verbringen und mit zu seinen Eltern fahren. Was fällt ihr ein? Hat keine Zeit mehr für ein paar Tage mit ihrer Familie.»

Ich weiß nicht was und ob ich überhaupt antworten soll. Also nicke ich nur leicht und zucke mit den Schultern. Irgendwie kann ich Rebecca verstehen. Sie ist schon zwei Jahre mit Lukas zusammen, die beiden haben eine gemeinsame Wohnung und da ist es doch nicht verwunderlich, dass sie auch gemeinsam Weihnachten verbringen wollen. Diese Meinung äußere ich meiner Mutter gegenüber jetzt aber lieber nicht. Hab keine Lust auf eine Grundsatzdiskussion.

Dass Rebecca beim Weihnachtsshopping letzten Samstag nicht dabei war, weil sie arbeiten musste, konnte unsere Mutter notgedrungen ja noch akzeptieren, aber dass sie sich jetzt für den Besuch bei den Großeltern abmeldet, scheint echt zu viel für sie zu sein. Aber irgendwann musste dieser Zeitpunkt ja kommen. Tradition ist ja schön und gut, aber Rebecca hat nun auch ihr eigenes Leben, welches sie glücklich macht und wo wir als Familie nicht mehr die erste Geige spielen. Irgendwann wird es soweit kommen, dass jeder seinen eigenen Weg geht und man sich seltener sieht. Auch wenn der Gedanke für mich selbst noch in sehr weiter Ferne scheint. Aber ich denke, irgendwann wird auch das kommen. Heute freue ich mich aber in jedem Fall noch auf die Ferien bei Oma und Opa in Bayern.

6

Dienstag.

Neuer Tag, neues Glück. Diese Formel geht, zumindest für mich, heute auch wirklich auf. Die Schulstunden vergehen nahezu im Flug und es hat kein Lehrer ernsthaftes Interesse daran, mir den Tag zu verhunzen. Bin positiv überrascht. Beim alltäglichen Sturm zur Tür hinaus staune ich nicht schlecht. Da steht doch tatsächlich Anastasia vor mir. Tief blicke ich in ihre braunen Augen, doch natürlich wartet sie auf Maxim, der wenige Schritte hinter mir auch raus kommt. Sie gibt ihm einen verliebten Kuss, kaum dass er vor ihr steht. Anastasia geht schon auf die Berufsschule und hat wegen eines erkrankten Lehrers diese Woche mehr Zeit. Maxim freut es. Wir gehen gemeinsam zur Haltestelle wo ich mich eilig von den beiden verabschiede.

Auf meinem heutigen Heimweg läuft auch alles wieder normal. 15:53 Uhr am Paradeplatz. Sie steht da, unsere Blicke treffen sich für einen kurzen Moment. Sie lächelt. Doch auch heute geht der Moment vorüber. Meine Bahn fährt weiter.

Heute habe ich wieder eine Gitarrenstunde bei Armin. Ich bin bestimmt nicht der musikalischste Mensch auf dem Planeten, aber Paps hat immer Gitarre gespielt. Das war sein Ausgleich gegen Streß, hat er immer gesagt. Dabei konnte er ganz er selbst sein. Wahrscheinlich hatte er früher mal den Traum gehabt, Rockstar zu werden. Ich konnte mich nie wirklich für ein Instrument begeistert, aber nachdem Paps gestorben ist, will ich Gitarre spielen lernen und eines Tages auf seiner Gitarre genauso gut spielen, wie er es getan hat.

Armin hat Paps gekannt. Nicht wirklich gut, sie waren jetzt keine Freunde, aber Armin hat seine Steuererklärung bei meinem Paps machen lassen. Er arbeitet als Gitarrenlehrer und tritt auch immer mal wieder bei kleineren Veranstaltungen auf. Auch wenn er über zehn Jahre älter ist als ich, ist Armin ein wichtiger Mensch in meinem Leben geworden. Seit einem Jahr nehme ich bei ihm jetzt schon Unterricht. Meistens jedoch nur einmal in der Woche, weswegen meine Fortschritte eher langsam voran gehen. Es gab auch schon Stunden, da haben wir nur sehr wenig geübt und dafür mehr geredet. Gerade als wir festgestellt haben, dass er Paps kannte. Das war so die dritte oder vierte Gitarrenstunde die ich bei ihm hatte. Vielleicht trägt diese Tatsache dazu bei, dass ich das Vorhaben, Gitarre spielen zu wollen, nicht schon wieder aufgegeben habe.

Heute kommen wir durch einen Song, den wir spielen, auf das Thema verliebt sein und ich erzähle ihm von meinen besonderen Momenten an der Haltestelle, wo ich mir mit einem Mädchen immer Blicke und ein Lächeln zuwerfe. Armin lacht und meint, die Geschichte hätte Potenzial für einen Song.

Mittwoch.

Wieder holt Anastasia ihren Maxim von der Schule ab. Und wieder habe ich das Gefühl, sie schon lange zu kennen, dabei sehe ich sie heute erst zum dritten Mal. Als wir gerade an der Ampel warten fragt sie mich: « Sag mal Dominik, wie ist ´s mit dir ? Hast du eigentlich eine Freundin?»

Zunächst weiche ich ihrem Blick instinktiv aus und blicke starr hinüber zum rot leuchtenden Ampelmännchen. Ich habe die Befürchtung, dass meine Gesichtsfarbe aktuell ähnlich aufleuchtet. Dann entschließe ich mich aber doch, offen zu antworten: «Nein, bisher hatte ich noch kein Glück.» Sie nickt kurz und meint, meine Verlegenheit völlig ignorierend «Hättest du Lust, morgen mit Maxim, mir und meiner Schwester zum Weihnachtsmarkt zu gehen? Ich denke, ihr beide werdet euch gut verstehen.»

Ich lächele nur unsicher, weiß nicht was ich sagen soll.

«Klar doch, so machen wir das morgen», ergreift Maxim plötzlich das Wort.

Da kann ich ja praktisch nicht mehr anders. Mal abgesehen davon, dass ich es auch gar nicht wollte. Wenn Anastasia's Schwester genauso nett ist wie sie, wäre es wohl ein absoluter Glücksfall. Und so habe ich morgen ein Blind-Date. Noch vor einer Viertelstunde hätte ich nicht im Traum an so etwas geglaubt, aber Anastasia hat ja immer etwas überraschendes an sich. Wie muss es dann erst sein, eine Beziehung mit ihr zu führen, frage ich mich, während sie Hand in Hand mit Maxim aus meinem Blickfeld verschwindet.

Ich bin gespannt auf Morgen. Noch in der Bahn hole ich mein Biobuch aus dem Rucksack. Wenn ich die Klausur morgen in den Sand setze, sieht es übel aus. Mit festem Willen lese ich das Kapitel über Menschenaffen nochmals durch. Auch am Paradeplatz blicke ich nicht auf, bin schon zu sehr mit morgen beschäftigt.

Oh nee, schon wieder Morgen, denke ich mir, als mein Radiowecker mich aus dem Schlaf reißt. Es läuft *'I don't feel like dancin'* von den Scissor Sisters, als ich widerwillig aus den Federn krieche. Im Halbschlaf gehe ich in die Küche. Meine Mum ist schon zur Arbeit gegangen, Stephanie schläft noch. Im Hintergrund höre ich, wie im Radio das Horoskop läuft. Normalerweise glaube ich ja nicht an Astrologie, aber die Tatsache, dass den Widdern für heute ein schöner Tag prophezeit wird, wenn man offen für neues ist, nehme ich einfach mal als gutes Omen.

Während ich lustlos an meinem Marmeladenbrot nage, blicke ich erneut ins Biologiebuch. Ich glaube zwar nicht, dass das jetzt noch was hilft, will mir aber nicht vorwerfen müssen, nicht alles versucht zu haben.

Als ich später schon fast zur Tür raus bin, kommt Stephanie aus ihrem Zimmer.

«Guten Morgen, Domi», meint sie gähnend.

Ich sage ihr noch, dass ich heute später nach Hause komme, weil ich noch eine Verabredung habe. Mit einem Grinsen im Gesicht blickt sie mir nach, als ich die Tür hinter mir zu ziehe.

9:20 Uhr. Mein Stift ist schon ganz abgekaut, aber der Kuli ist nicht der Einzige, der hier leiden muss. Die Klausur hat es ganz schön in sich. Und das so kurz vor Weihnachten. Sollten da nicht auch die Lehrer friedvoll gestimmt sein? Fieberhaft suche ich in meinem Gehirn nach Antworten, immer häufiger wandert mein Blick zur Uhr. Ich lese mir die Fragen noch einmal in Ruhe durch. Noch sieben Stunden bis zum Weihnachtsmarkt. Wieder bin ich abgelenkt. Die Zeit wird immer knapper, ich angespannter. In meiner Verzweiflung schreibe ich überall noch etwas hin, damit das Blatt nicht so leer ist. Ich bin nicht so naiv um zu glauben, dass alles richtig sei, aber für eine 3 sollte es schon irgendwie reichen.

Schließlich habe ich es überstanden und der restliche Unterricht geht glücklicherweise weniger anstrengend vorüber.

Die Stunde, welche uns nach Schulschluss noch bis zu unserem Doppeldate bleibt, verbringe ich bei Maxim. Wir verlieren noch ein paar Worte über die Bio-Klausur, reden dann doch lieber über angenehmere Dinge, während wir eine Runde an der Play Station zocken.

Mehrfach überprüfe ich im Spiegel mein Outfit. «Sag mal, bist du nervös?», fragt Maxim mit einem breiten Grinsen.

«Du weißt doch, es gibt keine zweite Chance, einen ersten Eindruck zu hinterlassen», rechtfertige ich mein Verhalten.

Um kurz nach vier machen wir uns endlich auf den Weg. Es dauert nur ein paar Minuten, bis wir vor einem hübschen Reihenhaus ankommen.

«Wir sind da», meint Maxim.

Ich atme noch einmal tief durch, während er auf den Klingelknopf drückt. Gespannt warte ich, bis sich was tut. Schritte. Sie kommen näher. Die Tür geht auf und Anastasia begrüßt uns auf ihre herzliche Art. Sie begleitet uns ins Wohnzimmer und bittet uns, dort noch kurz zu warten. Mit der Ankündigung, in fünf Minuten wieder da zu sein, verschwindet sie ins Treppenhaus. Maxim und ich blicken ihr nach und reden ein paar zusammenhanglose Sätze, während wir warten, dass sie wieder kommt. Schließlich hören wir, wie im oberen Stockwerk eine Tür auf geht. Meine Anspannung steigt noch weiter. Ich blicke zur Uhr. Dann aus dem Fenster und schließlich gebannt zur Wohnzimmertür. Zuerst kommt Anastasia rein. Sie blickt mir in die Augen und meint «So, Domi, das ist meine Schwester Alina.»

Der folgende Moment kommt mir vor wie in Zeitlupe. Wir stehen uns gegenüber und blicken uns ungläubig an. Es kommt mir vor, als vergehen Minuten bis ich ihr «Hallo» erwidere. Wir beide beginnen zu lächeln. Jetzt bin ich mir sicher. Vor mir steht mein Nachmittagsengel vom Paradeplatz.

Ich hatte mich gedanklich auf so ziemlich jede Situation vorbereitet. Diese war nicht dabei. Ich wechsele die ersten Sätze mit dem Mädchen, welches mir seit Wochen nicht mehr aus dem Kopf geht. So klein ist die Welt.

Wir machen uns auch gleich auf den Weg, ohne den anderen beiden etwas von unserer geheimen Vorgeschichte zu erzählen.

Kaum sind wir zur Haustür raus, greift Maxim nach Anastasia´s Hand. Ich überlege kurz, finde es aber zu früh, nach Alina´s Fingern zu tasten. Will ja nicht zu stürmisch sein.

Auf dem Weihnachtsmarkt leuchten tausende bunte Lämpchen und mein Herz pocht heißer, als es jeder Glühwein sein könnte. Trotz der vielen Menschen ist es sehr romantisch und ich genieße jeden Moment den ich mit Alina zusammen bin. Wir verstehen uns immer besser, es ist, als kennen wir uns schon ganz lange. Sie hat nicht nur ein wunderschönes Lächeln, sondern auch eine sehr angenehme Stimme und, wovon ich von Minute zu Minute mehr überzeugt bin, auch einen tollen Charakter. Durch die engen Wege passiert es öfters, dass sich unsere Körper berühren. Nachdem wir uns an einem Stand gebrannte Mandeln gekauft haben, greift Alina schließlich nach meinen Fingern. Ich spüre den Stoff ihres Handschuhs und umfasse ihre Hand. Unsere Augen treffen sich und ich spüre ihren Blick im ganzen Körper.

Auf einer Bühne vor dem Wasserturm singt eine Gospelgruppe Weihnachtslieder. Wir vier tun es vielen anderen gleich und verweilen ein paar Minuten. Ich blicke rüber zu Maxim, der Anastasia mit dem Armen umfasst und mit ihr gemeinsam im Takt der Musik schaukelt. Er erwidert kurz meinen Blick mit einem Zwinkern und wirft mir eines seiner typischen Grinsen zu.

Wenige Minuten später verabschieden sich die Musiker nach einem enthusiastischen *'Halleluja'* und die Menschentraube vor der Bühne löst sich langsam auf. Im Schneckentempo bahnen wir uns unseren Weg. Vorbei an einem Stand mit verschiedensten Kerzen und lustigen Mützen kommen wir schließlich am Ausgang an. Obwohl keiner so wirklich Lust darauf hat, ist nun die Zeit des Abschiedes gekommen. Es beginnt zu schneien als wir an der Ampel warten. Immer dichter rieseln die Flocken vom Himmel. Als Alina und ich uns an der Straßenbahnhaltestelle gegenüberstehen, landet eine Schneeflocke direkt auf ihrer Nasenspitze. Wir beide grinsen. Ich spüre das Kribbeln in der Magengegend, tief blicken wir uns in die Augen. Ich mache noch einen Schritt auf Alina zu, so dass sich unsere Jacken berühren. Unsere Lippen kommen sich näher. Ich schließe meine Augen und genieße nur diesen Moment.

Wir verabreden uns anschließend noch für Samstag. Dann wollen wir gemeinsam Eislaufen gehen. Ich steige in meine Straßenbahn, lächle ihr noch einmal zu und bin schon bald in der Dunkelheit verschwunden. Die ganze Fahrt über träume ich vor mich hin. Von meiner süßen Alina vom Paradeplatz.

9

Es ist Samstag. Heute gehe ich mit Alina Schlittschuh laufen. Anastasia und Maxim sind auch dabei. Wieder ein Doppel-Date. Die ganze Zeit freute ich mich darauf, doch jetzt, wo ich auf dem Weg zur Eissporthalle bin, kommen mir Zweifel. Was ist, wenn wir uns heute nicht mehr so gut verstehen? Ich blicke nervös umher, versuche mich abzulenken, will mir diesen Gedanken nicht weiter ausmalen.

Leute hetzen durch die verschneiten Straßen, ein eindringliches Hupen ist vom Parkplatz des Möbelhauses zu hören. Dann sehe ich, dass die drei bereits vor dem Eingang der Eishalle auf mich warten. Schnellen Schrittes laufe ich über die Straße. Für die Frage, wie ich Alina begrüßen soll, bleibt mir nun keine Zeit mehr. Ich ärgere mich über mich selbst, dass ich mir darüber nicht schon viel eher Gedanken gemacht habe. Als ich ankomme, sage ich nur kurz «Hi» und frage, mit leicht schlechtem Gewissen, «wartet ihr schon lange auf mich?». Während Anastasia daraufhin den Kopf schüttelt und abwinkt, meint Maxim trocken « Vielleicht so ein oder zwei Stunden.»

Manchmal ist sein Humor etwas anstrengend. Doch bei dem süßen Lächeln, das Alina mir zuwirft, ist mir alles andere egal. Wir gehen nach drinnen und sind überrascht, dass an diesem Samstagnachmittag nicht viel los ist.

Nach ein paar Minuten haben wir unsere Schuhe gegen Schlittschuhe getauscht und wagen uns auf den kalten, glatten Untergrund. Auch wenn ich mich relativ sicher fortbewege, hab ich die Sorge im Hinterkopf, mich vor den Augen Alina's aufs Eis zu legen. Also bleibe ich bei bewusst langsamen Schritten, während Maxim schon fast eine Pirouette dreht. Der Kerl bewegt sich selbst auf Schlittschuhen noch geschmeidiger als die meisten anderen im Alltag.

Nach ein paar Minuten suche ich die Nähe zu Alina und greife nach ihrer Hand. Gemeinsam drehen wir eine Runde, bevor wir an der Bande zum Stehen kommen. Glücklich wie ich bin, gebe ich mir einen Ruck und Alina einen Kuss. Es sollte nicht der letzte sein an diesem Nachmittag.

Als nach knapp zwei Stunden die Eislaufzeit endet, spüre ich in meinen Beinen, dass es anstrengend war. Aber es hat auch richtig viel Spaß gemacht. Den drei anderen scheint es ähnlich zu gehen. Wir atmen erst mal durch, ehe wir unsere Schlittschuhe ausziehen und uns freuen, wieder festen Boden unter den Füßen zu haben.

Wir entscheiden uns, anschließend noch in das 'Chocolat', ein Café zwei Straßen weiter, zu gehen. Nachdem wir uns sportlich auf kaltem Grund verausgabt haben, kommen eine Tasse heiße Schokolade und ein Muffin doch gerade recht. Der Wind draußen ist kein Bisschen wärmer als die Temperaturen in der Eishalle, wir sind allesamt froh, als wir unser Ziel erreichen. Von hier drin sehen die weihnachtlich beleuchteten Straßen schon wieder viel angenehmer aus. Wir reden über Schule, Träume, Urlaub und das Leben. Wir lachen ein paar mal so laut auf, dass die anderen Gäste zu unserem Tisch rüber schauen, aber wir lächeln einfach freundlich zurück. Uns vier kann an diesem Nachmittag gar nichts stören. Die Zeit vergeht wie Butter auf heißem Popcorn.

Schon beim ersten Schritt zur Tür hinaus peitscht uns der Wind den eisigen Schneeregen ins Gesicht. Instinktiv ziehen wir uns zurück, doch es hilft nichts, wir können ja nicht den ganzen Abend im Café bleiben.

Maxim blickt sich kurz um und meint « Kommt schnell auf die andere Straßenseite. Unter den Vordächern bekommen wir nicht so viel ab.»

Kaum hat er die Worte ausgesprochen, sprintet er überzeugt los und legt sich der Länge nach hin. Schmunzelnd nehmen wir es in Kauf, nass zu werden. Von uns dreien hat jedenfalls keiner Lust auch auszurutschen. Maxim flucht leise vor sich hin, während er sich den Schnee von den Klamotten klopft. Anastasia hilft ihm bei seiner Hose und gibt ihm ein tröstendes Küsschen. Zum Glück hat er sich nicht ernster weh getan. Ein ganz klein wenig schadenfroh bin ich aber schon, dass auch ihm mal ein solches Missgeschick passiert. Als wir kurz darauf die Haltestelle an der Alten Feuerwache erreichen, muss ich Alina mit ihrer Schwester und Maxim ziehen lassen, da ich in der entgegengesetzten Richtung wohne. Nach einem innigen Abschiedskuss, der den Schnee gefühlt zum schmelzen bringt, verabschiede ich mich von den Dreien und blicke ihnen nach, wie sie in ihre Straßenbahn steigen. Welch ein schöner Tag, denke ich mir nur und merke gar nicht, dass das tropfende Nass vom Himmel wieder stärker wird.

Als ich wenige Minuten später in meine Straßenbahn steige, haben sich schon einige

Schneeflocken in meinem Haar verfangen. Ich lasse mich auf einen freien Sitz fallen und bin froh, es hier trocken und warm zu haben. Erst jetzt merke ich, dass meine Finger eiskalt sind. Wie schön war es doch vorhin Hand in Hand mit Alina. Ich hole mein Handy aus der Jackentasche um ihr eine SMS zu schreiben. Will ihr nochmal sagen, wie schön der Tag heute für mich war.

'...und ich freue mich schon darauf, dich wieder zu umarmen', tippe ich in die Tastatur. Mit einem zufriedenen Lächeln stecke ich das Handy zurück in meine Jacke und blicke nach draußen. Lautstark peitscht der Regen gegen die Fensterscheibe, das da draußen klingt so richtig ungemütlich. Das helle Licht in der Bahn bietet einen scharfen Kontrast zur finsteren Außenwelt. Bei meinem Versuch aus dem Fenster zu sehen, erblicke ich nur mein eigenes Spiegelbild. Die Fahrt geht langsam voran. Sehr langsam. Erneut greife ich nach meinem Mobiltelefon und zappe durchs Menü. Gerade als ich beim virtuellen Kartenspiel auf die Verliererstraße gerate, blinkt oben links im Display eine neue SMS.

'Hi Domi-Schatz. Ich hatte heute einen sehr schönen Tag. Und du bist der Grund dafür. Hab dich lieb, deine Alina.'

Ich strahle so sehr, ich könnte es fast mit den Glühbirnen aufnehmen. Alina wird jetzt wohl schon zu Hause sein. Hoffe ich, schließlich soll meine Freundin bei diesem Wetter nicht unterwegs sein. Noch immer blicke ich gedankenverloren auf das Handy-Display. Domi-Schatz hat sie mich genannt. Noch drei, viermal lese ich die SMS und lasse das Handy dann wieder in meiner Jackentasche verschwinden.

Es dauert einige Sekunden, bis ich registriere, dass wir uns nicht vorwärts bewegen. Das ungeduldige Gemurmel unter den Fahrgästen wird lauter, mit jeder Minute die verstreicht. Dann endlich kommt eine Durchsage vom Fahrer, der uns mitteilt, dass wir erst mal feststecken. Die Strecke ist wegen eines Verkehrsunfalls im Gleisbereich gesperrt. Jetzt wissen wir, wieso es nicht weitergeht. Besser macht das die Situation aber noch lange nicht. «Das kann dauern», höre ich eine Frau hinter mir genervt sagen. Und sie sollte recht behalten.

Die Minuten verrinnen und ich weiß nicht wirklich was mit mir anzufangen. Ich entschließe mich schließlich dazu, Alina anzurufen. Eigentlich wollte ich das erst morgen tun, aber in dieser Ausnahmesituation kann man seine Vorhaben mal über Bord werfen. Sie freut sich über den Anruf, erzählt mir, dass sie schon eine Weile daheim ist und es sich in ihrem Zimmer gemütlich gemacht hat. Ich freue mich, ihre Stimme zu hören und genieße das Mitleid, welches sie mir aufgrund meiner beschwerlichen Heimreise ins Ohr flüstert.

10

Sonntag.

Ich ziehe mir die Bettdecke über den Kopf. Kinder, die im Schnee spielen, toben und lachen haben mich geweckt. Ich gönne ihnen den Spaß ja, aber doch nicht am frühen Morgen um halb neun. Um meine Laune zu steigern denke ich lieber an den gestrigen Tag zurück. Nicht an den dreimal so langen Heimweg in der Bahn, sondern an die sagenhaft schönen Stunden mit Alina. Erinnere mich an ihr Lächeln, an das Gefühl sie zu spüren, ihren Duft, ihre Lippen und verbleibe noch eine Weile unter der Bettdecke.

Nach dem Frühstück löse ich mein Versprechen ein und lerne mit meiner Schwester für Erdkunde. Ihre Klasse schreibt da morgen einen Test und für den Stoff der 6. Klasse halte ich mich noch für ausreichend qualifiziert. Wir sitzen in ihrem Zimmer und verbringen den 3. Advent mit der Bevölkerung von Afrika. Nach einer Weile kann ich verstehen, dass sie nichts in ihren Kopf kriegt. Draußen machen alle eine Schneeballschlacht und sie hat auch noch ein so langweiliges Kapitel vor sich.

«Ich muss das schaffen. Wenn das keine Vier wird, steht in meinem Zeugnis 'Versetzung gefährdet'. Aber sag das um alles in der Welt nicht Mama», sagt Stephanie aufgeregt.

Ich verspreche ihr, alles für mich zu behalten und ermuntere mich innerlich, mit etwas mehr Begeisterung an die Sache zu gehen. Auch wenn mich das Thema selbst genauso wenig begeistert wie sie, sollten wir es gemeinsam schaffen.

Zwei Stunden sind vergangen als Stephanie entnervt das Buch gegen die Wand wirft. «Ich raff das einfach nicht.» Sie vergräbt ihr Gesicht in ihren Händen und als sie leise zu schluchzen beginnt, weiß ich nicht, was ich sagen soll, lege aber einfach meinen Arm um ihre Schultern um sie spüren zu lassen, dass ich für sie da bin. Wenig später kehrt ein Lächeln auf ihre Lippen zurück. Zwar nur zaghaft, aber immerhin.

Am Nachmittag versuchen wir noch einmal unser Afrikawissen aufzufrischen. Optimisten unter sich. Es scheint auch ganz gut zu klappen, zumindest fliegen jetzt keine Bücher mehr durchs Zimmer.

Als Stephanie ihr Buch in ihre Tasche packt meint sie nur «Ich hoffe, ich kann mir das alles bis morgen merken.»

Anschließend greife ich zum Telefon um mit Alina zu sprechen. Das hab ich mir nach dem Tag auch verdient. Sie erzählt mir über ihren entspannten Sonntag und meint, in Erdkunde auch keine Leuchte zu sein, weshalb sie mich nicht beneidet. Wir verabreden uns für morgen Mittag wieder bei ihr. Ich bin so glücklich, ich bin so verliebt, ich freue mich sogar auf Montag.

11

Wieder einmal verfluche ich den Stundenplan. Während ich in Mathe von einem Bahnhof zum nächsten komme, hoffe ich von ganzem Herzen, dass es meiner Schwester bei ihrem Erdkundetest besser ergeht und das gestrige Lernen was gebracht hat.

Mein Leiden hat noch kein Ende. In Erdkunde will unsere Lehrerin einen Vortrag von mir hören, was wir in der letzten Stunde durchgenommen haben. Problemlos könnte ich nun etwas über Afrika erzählen, doch über die Klimaveränderung in der Antarktis stammele ich nur zusammenhanglose Unsicherheiten, bis mich der Schulgong erlöst. Langsam entspanne ich mich wieder, während ich meinen Rucksack mit meinem Erdkundeheft bereichere. Hätte ich in den letzten Minuten einen wilden Bullen bei Mondschein reiten müssen, wäre das nur unwesentlich schlimmer gewesen als meine Klimakatastrophe im Klassenzimmer.

«Lass uns gehen, wir haben besseres zu tun», meint Maxim mit einem Augenzwinkern, ehe wir uns auf den Weg zu unseren Freundinnen machen.

Als wir den Großteil des Weges hinter uns haben trifft mich plötzlich ein Schneeball an meiner linken Schulter. Ich drehe mich um und erblicke Alina, die mich frech, aber doch so süß anlächelt, dass ich vermute, der Schnee könne jeden Moment schmelzen. Ich bücke mich, forme mit meiner rechten Hand einen Schneeball und werfe ihn in ihre Richtung. Sie kann der kalten Kugel ausweichen und kommt mir entgegen.

«Da musst du schon schneller sein», grinst sie mich an bevor sie ihre Arme um mich schlingt. Maxim geht schon weiter und lässt uns beide zurück.

«Vielleicht wollte ich dich ja gar nicht treffen», grinse ich, bevor wir uns küssen. Noch während ich die Augen geschlossen habe, geht Alina in die Knie und verpasst mir kurz darauf eine handvoll Schnee mitten ins Gesicht. Das will ich nicht auf mir sitzen lassen und jage sie, mit einem Schneeball in der Hand, bis ich sie schließlich zu fassen bekomme. Während ich sie festhalte, lasse ich den Schneeball langsam über ihrem Kopf zerbröseln. Sie reagiert mit einem schrillen Lachen und versucht, mit aller Macht, mich zur Seite zu schubsen. Schließlich landen wir beide im Schnee.

«Halleluja, verdammt ist mir kalt», meint Alina, als wir wenige Minuten später auch ins Haus gehen. Mir geht es nicht anders, wandert doch gerade der Rest eines Schneeballs über meinen Rücken nach unten. Wir hängen unsere Jacken an die Garderobe und gehen nach oben. Anastasia und Maxim haben ihre Zimmertür schon hinter sich geschlossen.

«Komm, hier geht's rein», sagt Alina und zieht mich in ihr Zimmer. Und mit einmal ist die ganze Kälte wie weggeflogen. Wir setzen uns auf ihr Bett. Es steht mit dem Kopfende zum Fenster. Wenn man heraus blickt sieht man den verschneiten Weg, auf dem wir noch vor ein paar Minuten gelaufen sind. Alina steht nochmal kurz auf und schaltet Musik ein, während ich meinen Blick durch das Zimmer schweifen lasse. Auf ihrem Schreibtisch sind alle Stifte ordentlich in einem Becher, ein Block liegt auf der linken Seite. Über der Stuhllehne hängt eine schwarze Tasche. Aus den Lautsprechern erklingt 'Who knew' von Pink, als sich Alina wieder zu mir aufs Bett setzt. Sie rückt eines der drei roten Kissen zurecht und zieht die Wolldecke dann über ihre Knie, während sie ihren Kopf an meine Schulter lehnt und meint «Ich mags schön kuschelig.» Ich lege meinen Arm um sie und drücke sie näher an mich heran. Unsere Wangen berühren sich und schließlich küssen wir uns.

Der Nachmittag geht vorüber, während wir über alles was uns in den Sinn kommt reden, kuscheln und uns küssen. Wir vergessen die Welt um uns herum und merken erst, als es im Zimmer schon ziemlich dunkel wird, dass viel Zeit vergangen sein muss. Wir halten den Zeitpunkt nun für gekommen, mich ihren Eltern vorzustellen. Hand in Hand gehen wir die Treppe nach unten. Zugegeben, etwas nervös bin ich schon, als wir das Wohnzimmer betreten und die Blicke auf uns fallen. Aber glücklicherweise legt sich meine Aufregung rasch, Herr und Frau Alt sind genauso nett wie ihre Töchter. Mag sein, dass das erblich ist. Wir reden ein paar Sätze mit den beiden und sie fragen sogar, ob ich noch zum Essen bleiben mag. Da sag ich nicht nein und wenig später sitzen wir zu sechst am Küchentisch, nachdem auch Anastasia und Maxim runter gekommen sind. Es wird viel gelacht beim Abendessen, kein misstrauisches Ausfragen, weil ein Fremder mit am Tisch sitzt.

Nach dem Essen wird es Zeit, dass ich mich auf den Heimweg mache. Mit einer innigen

Umarmung verabschiede ich mich von Alina. Auch Maxim geht nach Hause und begleitet mich vor die Tür. Kaum sind wir um die Ecke gebogen schlägt er mir mit der flachen Hand freundschaftlich auf den Rücken und lacht «Ich hab´s doch gewusst, zwischen euch beiden geht was.»

Ich grinse und nicke leicht mit den Kopf, was er nur mit einem fragenden Blick seiner großen Augen quittiert.

«Hast recht gehabt. Alina ist toll», stimme ich ihm zu.

«Und?»

«Und was?»

«Na, habt ihr?»

Jetzt bin ich es, der mit großen Augen fragend guckt. Maxim formt mit dem Daumen und Mittelfinger seiner linken, sowie dem Zeigefinger seiner rechten Hand eine eindeutige Geste. Ich hoffe, dass man wegen der Dunkelheit nicht erkennen kann, dass ich aus Verlegenheit rot werde. Energisch antworte ich «Quatsch, das war das erste Mal, dass ich bei ihr war. Da läuft noch nix weiter.»

«Ich dachte, weil eure Tür auch zu war.» Maxim zuckt nur mit den Schultern und läuft einfach weiter.

Als ich daheim angekommen bin, bin ich traurig, dass der Tag schon vorüber ist. Es war so schön, wie gerne würde ich die Zeit auf den Nachmittag zurückdrehen. Auf der anderen Seite geht mir der fragende Blick von Maxim nicht aus dem Kopf. Hat nur er gedacht, dass hinter Alina´s geschlossener Zimmertür mehr passiert? Oder denken die Anderen auch in diese Richtung. Nur ich nicht. Klar, Fantasie ist das eine, aber einen solchen Schritt jetzt schon wagen, obwohl wir uns erst seit kurzem kennen? Ich war noch nie in der Situation, mich ernsthaft mit diesem Thema auseinanderzusetzen, deshalb bin ich jetzt etwas verunsichert.

Ich muss mich von den Gedanken lösen, wird es doch allerhöchste Zeit, die perversen Neigungen der Lehrer zu befriedigen. Es gibt doch tatsächlich

Leute, die einem vier Tage vor den Ferien noch Hausaufgaben geben. Irgendwie gleicht meine geforderte Wegskizze über das Vorgehen der Deutschen im zweiten Weltkrieg dann aber eher einem Bauplan für ein Einkaufszentrum. Aber ich kann mich jetzt, selbst wenn ich wollte, nicht mehr darauf konzentrieren. Die Hauptsache ist, ich hab überhaupt etwas. Zufrieden lasse ich den Abend ausklingen. Montage können so schön sein.

12

«Ich begrüße euch zur letzten Mathe-Stunde für dieses Jahr.»

Selten habe ich so schöne Worte aus dem Mund von Herrn Zwilling gehört. Das ist ja fast wie Weihnachten. Nach dieser frohen Mitteilung beteilige ich mich sogar aktiv am Unterricht. Mein Lehrer scheint an einen höheren Feiertag zu glauben, wenn man nach seinen Gesichtszügen geht. Auch den Rest des Vormittags zeige ich meinen guten Willen und melde mich das ein oder andere Mal, was sonst eigentlich nicht so mein Ding ist. Später backen wir Waffeln. Das sind die Momente, in denen ich wieder froh bin, mich beim Wahlpflichtfach für Hauswirtschaft und gegen Technik entschieden zu haben. Die Wahl hab ich zu Beginn des Schuljahres aus ganz banalen Gründen getroffen. Ich hatte überlegt, welche Kenntnisse für den Lebensalltag von größerer Bedeutung sind. Ich ging davon aus, dass handwerkliche Fähigkeiten eher selten benötigt werden, ich aber jeden Tag etwas zu Essen haben möchte. Also entschied ich mich für dieses Jahr im Wahlpflichtfach für Kochlöffel und Co.

Nach der Schule mache ich mich langsam mit Maxim auf den Weg zur Haltestelle. Alina und Anastasia haben heute keine Zeit für uns, da sie beim 70. Geburtstag ihres Opa´s sind. Heute muss ich also auf meine Streicheleinheiten verzichten. Ich hab noch etwas Zeit bis zu meiner Gitarrenstunde bei Armin und auch Maxim scheint es nicht eilig zu haben. Wir reden über die letzten Tage und kommen auch auf gestern Abend zu sprechen. Es hat mir die ganze Zeit keine Ruhe gelassen also frage ich ihn direkt:

«Hast du echt gedacht, ich hätte mit Alina geschlafen?»

«Ja, klar. Hätte doch sein können. Was weiß ich, was hinter eurer geschlossenen Tür abging.»

Ich merke, dass ich bei dem Thema schon wieder rot werde und diesmal ist keine Dämmerung da, die dies verbergen könnte. Wieder hat Maxim diesen fragenden Blick. «Sag bloß nicht, du hast noch nie mit einer geschlafen?»

«Doch, also nein», gebe ich kleinlaut zurück.

Maxim rollt nur mit den Augen und meint «Verpass dann mal nicht deine Chance.»

Mir gefällt nicht, in welche Richtung das Gespräch geht, bisher hatte ich mit Maxim auch noch nicht wirklich über Sex und solche Themen gesprochen. Deshalb bin ich ganz froh, dass er kurz darauf in seine Straßenbahn steigt. Ich blicke ihm kurz hinterher, meine Gedanken sind aber abwesend. Gehe ich es wirklich zu langsam an? Erwartet Alina etwa mehr? Ich schaue auf die Uhr. Noch immer eine halbe Stunde bis zu meinem Gitarrenkurs. Langsam laufe ich durch die Straßen und komme schließlich an einer Drogerie vorbei. Ich überlege kurz, gebe mir dann einen Ruck und gehe hinein.

Zunächst blicke ich mich um. Nicht wegen dem Sortiment, sondern um zu sehen, ob viele Leute im Laden sind. Dem ist zum Glück nicht der Fall. Wenig später stehe ich vor einer Wand mit schier unendlicher Auswahl an Farben und Größen. Ich schlucke und versuche mich auf das vor mir zu konzentrieren. Es gelingt mir nicht. Ich merke, wie mir warm wird. Vorsichtig greife ich mit meiner Hand wahllos nach einer Packung in Augenhöhe. 'Hauchdünne und aromatisierte Kondome', steht dort in bunter Schrift. Ich atme tief durch. Für den Fall der Fälle. Bisher hatte ich erst einmal ein Kondom in der Hand, als wir damals in Biologie einer Banane ein Gummi überstreifen sollten. Jetzt beabsichtige ich selbst welche zu kaufen. Und auch zu benutzen. Ich drehe mich um, gehe zur Kasse. Ich will nicht nur Kondome kaufen und nehme noch ein Snickers aus dem Regal und lege dann beides aufs Band. Sicherheitshalber halte meine Hand aber noch darüber.

«Hey, das ist doch der kleine Domi», höre ich es plötzlich von der Seite. «Lange nicht gesehen.»

Erschrocken blicke ich nach links, wo zwei junge Frauen auf mich zu kommen. Mein Gehirn überlegt, woher ich sie kenne. Erst als die Blonde fragt «Wie geht es Rebecca?» fällt es mir wieder ein.

Das sind Nicole und Tamara, zwei ehemalige Schulfreundinnen von meiner Schwester. Die beiden haben früher öfters mal bei uns zu Hause auf mich und Stephanie aufgepasst. Wenn unsere Eltern mal nicht da waren, hatte Rebecca meistens zumindest eine von den beiden zu Besuch. Noch während ich auf ihre Frage antworten will, kichert Nicole los. «Oho.» Sie stößt ihre Freundin an den Ellenbogen und deutet mit ihrem Blick auf das Kassenband. Ich würde gerne im Boden versinken oder direkt vom Blitz getroffen werden.

Stattdessen dringt das Gelächter der beiden Schnepfen in meine Ohren, so laut, dass sich auch die restlichen Kunden im Laden zu uns umdrehen. Tamara klopft mir noch grinsend auf die Schulter und meint, als sie sich nach weiter hinten zur Kosmetikabteilung bewegen, «Dann mal noch viel Spaß. Sag Rebecca einen Gruß.»

Am liebsten würde ich einfach aus dem Laden rennen, ohne mich um die beiden Sachen auf dem Kassenband zu kümmern. Doch da ruft mir die Kassiererin auch schon einen Preis entgegen. Ich bezahle, stecke Restgeld, Schokoladenriegel und Kondome in meine Jackentasche und mache mich schnellen Schrittes auf den Weg nach draußen, ohne mich noch einmal umzudrehen.

Eine Stunde später sitze ich bei Armin und versuche die Akkorde in der richtigen Reihenfolge zu spielen. Irgendwie will mir heute nichts gelingen. Ich werde mit jedem neuen Versuch ungeduldiger, würde die Gitarre am liebsten in die Ecke stellen und es sein lassen.

«Bleib ruhig und konzentriert, letzte Woche hast du den Song doch schon fehlerfrei gespielt», sagt

Armin mit seiner leisen Stimme. Das war der berühmte Funke, der meinen Geduldsfaden in Brand setzt und ich antworte lauter als beabsichtigt «Ach lass mich doch in Ruhe.»

Armin blickt zu mir rüber, greift nach meiner Gitarre und meint «Was ist los. Ärger in der Schule?»

Ich schüttele den Kopf. «Nein, hab mich über ein Mädchen geärgert.»

«Und die hat dich so durcheinander gebracht?»

Ich ärgere mich über mich selbst, dass mich die Sache in der Drogerie noch immer so beschäftigt. Aber ich will da jetzt nicht drüber reden.

«Ja, da war eine blöde Schnepfe. Hoffe die läuft mir so schnell nicht mehr über den Weg.»

«Aber mit deiner Freundin, von welcher du mir letzte Woche erzählt hast, läuft alles gut?», fragt Armin nach.

Ich denke an Alina, das Gespräch mit Maxim und die Kondome in meiner Jackentasche bevor ich antworte. «Ich glaub schon.»

Wir entscheiden uns, die Gitarrenstunde heute zehn Minuten früher zu beenden. Armin wünscht mir frohe Weihnachten. Stimmt, das ist ja auch noch. Hab ich schon gar nicht mehr daran gedacht. «Wenn wir uns im Januar sehen, kann ich den Song. Versprochen», bemühe ich mich, positiv zu sein. Ich will jetzt nur noch nach Hause und einfach meine Ruhe haben.

Am Abend hat sich meine Laune schon wieder gebessert, erst recht, als ich mit Alina telefoniere. Sie erzählt mir von leckerem Kuchen, Eigenheiten ihrer Verwandtschaft und dass sie mich heute vermisst hat. «Ich hab heute auch die totale Sehnsucht nach dir gehabt.», antworte ich ihr.

Wir verabreden uns für morgen Nachmittag und entscheiden uns, dann schwimmen zu gehen. Danach verabschieden wir uns mit zahlreichen Gute-Nacht-Bussis, bevor wir schließlich auflegen.

Später packe ich ein Badetuch und eine Badehose in meinen Rucksack. Für einen Moment überlege ich, ob ich auch die Kondome einstecken soll. Ich hab die Packung zwar schon in der Hand und lese mir aufmerksam durch, was auf der Rückseite geschrieben ist. In der Drogerie hatte ich dafür nicht den Nerv. Schließlich entscheide ich mich dann aber dagegen. Stattdessen verstecke ich Packung weit hinten in meinem Kleiderschrank.

13

Ich kann nicht sagen, wovon ich heute Nacht
geträumt habe, aber als ich aufwache, fühle ich
mich so gut wie schon lange nicht mehr. Bin fest
davon überzeugt, dass es was mit Alina zu tun hat.
Ich mache mich fertig und entspannt auf den Weg
in die Schule. Der Ärger von gestern Mittag ist
verflogen und ich blicke immer wieder zur Uhr,
kann es kaum erwarten, Alina wieder zu sehen.
Glücklicherweise gibt es Unterricht heute nur in
sehr dosierter Form. Man hat den Eindruck, als
haben die Lehrer auch nicht mehr wirklich Lust,
den vollen Unterrichtsstoff durchzuziehen. Und so
gehen die Stunden auch erfreulich schnell vorbei.

Nur wenige Wolken stören den blauen Himmel als
ich mich auf schneebedeckten Straßen auf den
Weg zum Schwimmbad mache. Zum Glück ist es
nicht glatt heute. Da wir ein paar Minuten früher
aus der Schule durften, bin ich schon vor Alina am
vereinbarten Treffpunkt. Während ich warte, spüre
ich, wie mein Puls steigt. Dann kommt sie endlich.
Wir fallen uns in die Arme und ich meine zu ihr

«Schön, dass du da bist.» Und ganz genau so meine ich es auch.

Hand in Hand laufen wir die letzten Meter zum Eingang. An der Kasse stehen nur wenige Leute vor uns und nach wenigen Minuten gibt Alina mir ein sanftes Bussi und flüstert «Bis gleich», bevor sich unsere Wege in die Umkleiden trennen.

Während ich mich umziehe, steigt in mir eine gewisse Nervosität auf. Mit jedem Schritt den ich mache, spüre ich das Kribbeln deutlicher. Ich verstaue meine Klamotten möglichst ordentlich im Spind, drehe den Schlüssel und blicke noch einmal in die Kabine, ob ich etwas vergessen habe. Nachdem ich davon überzeugt bin, dass alle meine Sachen eingeschlossen sind, binde ich mir das Schlüsselarmband um mein Handgelenk und mache mich auf den Weg in Richtung Schwimmhalle. Für einen kurzen Augenblick zucke ich zusammen, als ich merke, dass aus der Dusche nur kaltes Wasser kommt. Ich schüttele mich und gehe dann durch den schmalen Flur in den Badebereich. Die Luft ist warm, sofort steigt mir der Geruch von Chlor in die Nase. Noch kann ich Alina nirgendwo entdecken. Mir ist aber jegliches Zeitgefühl abhanden gekommen, ich kann nicht sagen, wie lange ich in der Umkleide gewesen bin. Um mich herum wird die Geräuschkulisse bestimmt durch das Rauschen des Wassers und Kindern, die vergnügt an der Wasserrutsche kreischen. Ich forciere mit den Augen den Ausgang der Mädchenumkleide. Gebannten Blickes registriere ich, dass sich die Tür öffnet. Doch als zwei mir fremde das Bad betreten, legt sich meine Anspannung rasch. Kurz darauf öffnet sich die Tür erneut und dann steht sie vor mir. Ihr lila Bikini zieht meinen Blick sofort auf sich und lässt meinen Puls deutlich ansteigen. Ich genieße den Anblick während ich ihr ein paar Schritte entgegen gehe. Alina steigt zuerst ins Becken und ich folge ihr ins angenehm warme Nass. Sie spritzt mich mit Wasser an, ich lasse das nicht auf mir sitzen und verpasse ihr eine ordentliche Welle. Wir lachen, schwimmen, albern herum. Es macht einfach Spaß. Nach ein paar Minuten stellen auch wir uns an der Rutsche an. Von hier oben wirkt die blaue, kurvenreiche Strecke noch deutlich steiler, aber alle die unten im Wasser ankommen scheinen begeistert. Alina rutscht zuerst, ich kurz dahinter, so dass ich sie noch vor mir sehen kann. Als ich wieder auftauche, sehe ich Alina an der Seite neben einer großen Palme. Mit dem Kopf deutet sie mir, dass ich zu ihr kommen soll. Als ob ich dazu eine

Aufforderung gebraucht hätte. Das Wasser geht uns nur etwa bis zum Bauch und wir kommen uns näher. Sie legt ihre Arme um mich und wir beginnen uns zu küssen. Sie umarmt mich fester, drückt unsere Körper aneinander. Ich merke eindeutig, wie meine Badehose enger wird und hoffe, dass im Wasser keine eindeutige Wölbung zu sehen ist.

In den nächsten beiden Stunden rutschen und knutschen wir noch einige Male, bis wir schließlich aus dem Becken steigen. Große grüne Ziffern an der Wand besagen, dass es kurz vor halb sieben ist, als wir zurück in die Umkleidekabinen gehen.

Ich beeile mich beim umziehen, will Alina auf keinen Fall warten lassen. Wie gerne würde ich jetzt einen Blick in ihre Umkleide erhaschen. Zum Glück brauche ich beim Haare föhnen nicht viel Zeit. Ich ziehe den Reißverschluss von meinem Rucksack zu und warte draußen auf dem Flur. Es dauert nicht lang, bis Alina wieder vor mir steht. Nur ihr Gesicht ist zu sehen, zumindest der Teil, den der Schal, welchen sie sich um den Hals gewickelt hat, frei gibt. Für einen Moment sehe ich sie nochmals im Bikini vor meinem inneren Auge, bevor wir gemeinsam das Schwimmbad verlassen.

Hand in Hand schlendern wir durch die noch immer schneebedeckten Straßen. Ich genieße das Gefühl, ihre Finger in meiner Handfläche zu spüren, bis sich unsere Wege an der Haltestelle trennen. Ich glaube, so fühlt sich verliebt sein an.

14

Donnerstag. In der Schule gibt es heute den traditionellen Spielfilm vor den Ferien. Der Lehrer will auch keinen Stoff mehr vorbereiten und da man den Tag noch irgendwie füllen muss, schauen wir fern. Entgegen meiner üblichen Gesinnung habe ich bei der Abstimmung meinen Arm für '*Titanic*' gehoben, sonst steht mir der Sinn eher nach Comedy. Das sind wohl Nebenwirkungen vom Verliebtsein. In meinen Gedanken gebe ich Alina und mir die Hauptrollen auf dem Schiff. So gefällt mir der Film richtig gut. Nur mit meinem Tod am Ende bin ich nicht ganz einverstanden.

Nach der Schule bin ich mit Alina am Paradeplatz verabredet. Der Nachmittag gehört uns. Morgen ist der letzte Schultag, der ist also kaum mehr von Bedeutung. Oder vielleicht doch.

Es duftet nach Lebkuchen als wir durch die Planken spazieren. Meine Freundin neben mir, die Weihnachtsferien stehen vor der Tür, es könnte kaum besser sein. Dennoch fühle ich mich etwas unwohl in meiner Haut. Denn wie jedes Jahr fahre ich mit meiner Familie in den Weihnachtsferien zu den Großeltern. Ich suche nach passenden Worten um diese Nachricht zu überbringen. Wie schön könnten zwei Wochen Ferien für frisch verliebte sein! Alina schaut mich traurig an. Jetzt fühle ich mich noch schlechter. Ich mag meine Großeltern sehr und freute mich bis vor kurzem auch dieses Jahr wieder auf die Zeit bei der Familie in Bayern. Aber da hatte ich noch keine Freundin.

«Dann können wir es nicht ändern. Wir bekommen auch viel Besuch von Bekannten und Verwandten. Die Zeit wird uns gar nicht so lang vorkommen.», meint Alina schließlich. Ich versuche auch positiv zu denken. Zwei Wochen, okay, was soll da schon passieren. Ich überlege, was vor zwei Wochen war. Da kannten wir uns noch nicht. Es kommt mir schon so viel länger vor. Diese Erkenntnis schlägt mir doch etwas auf die Laune, doch ich will uns nicht den Nachmittag verderben. Schließlich sind wir jetzt ja noch zusammen. Wir schlendern gemütlich über den Weihnachtsmarkt auf den Kapuzinerplanken beschließen, dass Alina morgen, nach der Schule, mit zu mir kommt.

Als ich an diesem Abend nach Hause komme, muss ich einige Fragen über mich ergehen lassen.

Jetzt, wo die Beziehung zu Alina ernster ist, möchte meine Mutter wissen, wie sie so ist. Ich überlege, ob ich sagen soll, dass sie morgen mit zu mir kommt, lasse es dann aber doch bleiben. Ich will nicht noch mehr Fragen beantworten müssen.

15

Der Wecker schmeißt mich heute eine halbe Stunde früher aus dem Bett als sonst. Bin wohl der einzige, der am letzten Schultag besonders früh aufsteht, aber ich habe schließlich meine Gründe. Ich mache mein Bett, so ordentlich wie noch nie, räume noch das ein oder andere weg, denn Alina soll nur den besten Eindruck bekommen. Vor allem, weil ihr Zimmer so akkurat aufgeräumt war. Sie soll sich ja wohl fühlen. Nachdem mein Zimmer nun im Topzustand ist, versuche ich im Bad, das gleiche mit mir. Als ich zehn Minuten später das Haargel wieder ins Regal stelle, fühle ich mich bereit für den Tag.

Ich gehe in die Küche um zu frühstücken. Dort gebe ich meiner Mutter Bescheid, dass ich heute nicht allein nach Hause komme. Sie hat nichts dagegen, im Gegenteil, sie freut sich, Alina kennenzulernen. Glücklich mache ich mich kurz darauf auf den Weg zur Schule.

Die nächsten Stunden gehen vorüber, ohne dass ich besonders viel vom Unterricht mitbekomme. Meine Gedanken sind doch mehr und mehr bei

Alina. Ich frage mich, welches Fach sie gerade hat und ob es ihr gut geht. Heute ist unser letzter gemeinsamer Tag in diesem Jahr. Zum ersten Mal kommt sie mit zu mir. Es ist ein besonderer Tag. Ich sehe aus dem Fenster. Der Schnee taut immer mehr weg, dennoch ist es draußen beißend kalt, obwohl die Sonne scheint. Die Stunden ziehen sich wie Kaugummi. Wie erlöst springe ich auf, als wir endlich in die Ferien entlassen werden. Ich verabschiede mich noch kurz von Maxim, er geht jetzt wieder zu Anastasia. Danach kenne ich nur noch ein Ziel. Den Paradeplatz. Auch wenn ich so schnell ich kann laufe, bin ich erst nach Alina an unserem vereinbarten Treffpunkt. Sie steht da, die Hände im Mantel, das Gesicht im Schal vergraben. Zum Herz erwärmen süß. Sie hakt sich bei mir ein und wir machen uns auf den Weg. Die ganze Fahrt über lasse ich ihre Hand nicht los. Es ist so schön sie zu spüren.

Es ist kurz vor zwölf als wir mein Zimmer betreten. So aufgeräumt erkenne ich es selbst kaum wieder. Wir haben im Moment die Wohnung auch noch ganz für uns allein. Alina sieht sich etwas im Zimmer um und ich meine «Dies ist mein Reich und du bist meine Prinzessin.»

Sie lächelt. Ich schalte Musik ein und wir setzen uns aufs Bett. Zunächst treffen sich unsere Blicke, dann unsere Lippen. Vorsichtig umarme ich sie, spüre ihre Arme kurz darauf auf meinem Rücken. Ich streiche sanft durch ihre Haare und bin wohl gerade der glücklichste Mensch auf der Welt.

Wir kuscheln, reden und genießen einfach das Zusammensein. Als ich sie am Hals kitzele zuckt sie kurz zusammen, greift dann nach einem Kissen und schlägt damit nach mir. Das lasse ich nicht auf mir sitzen und fortan wird sämtliches Bettzeug zum Wurfgeschoss. Wir attackieren uns mit Kissen, lachen und schreien vergnügt, bis Alina, schon etwas außer Atem, meint «Ich ergebe mich.» Dabei lässt sie sich rückwärts aufs Bett fallen, wobei ihr Pullover etwas nach oben rutscht. Noch halte ich das Kissen in der Hand zwar über ihren Kopf, doch mein Blick geht schon zu ihrem Bauchnabel. Mit einer Hand taste ich mich am Rand ihres Pullovers entlang und schiebe diesen noch ein paar Millimeter nach oben. Alina zieht mich am Arm zu sich nach unten, meine Hand bleibt auf ihrem Bauch. Unsere Gesichter sind ganz nah beieinander. Wir beginnen uns zu küssen. Meine Hand wandert ein Stück nach oben unter ihren Pullover, während ich ihr in die Augen schaue. Alina hält mich nicht davon ab. Zwar hab ich sie im Schwimmbad schon im Bikini gesehen, doch das hier ist viel intensiver. Ich erfühle einen Traum. Wir küssen uns leidenschaftlich, während ich meine Hand auf ihrem BH habe und ihren Busen streichle.

«Dominik, ich hab ne Zwei», ruft es plötzlich aus Richtung Tür. Sämtliche Blicke und Griffe entgleiten mir und ich starre hinter mich. Stephanie steht mit einem Blatt wedelnd da. Mit einem langen «Uups» auf den Lippen, schließt sie die Tür wieder hinter sich und macht sich schnellen Schrittes davon.

Ich könnte heulen, ich könnte schreien, doch ich bringe keinen Ton hervor. Mit fassungslosem Blick sehe ich Alina an. Ihre Wangen sind rot und ich bin sicher, auch mir sieht man den Schreck an. Alina hat ihren Pullover wieder runter gezogen und sich aufgerichtet. Nach einem Moment fängt sie leise an zu kichern. «Irgendwann werden wir darüber lachen können.»

In diesem Moment will ich mich damit aber noch nicht abfinden. Es war so schön, es war so aufregend. Es war so plötzlich vorbei. Wir nehmen uns ein paar Minuten Zeit, bevor wir nach draußen gehen und Stephanie richtig begrüßen.

Und so sitzen wir eine Viertelstunde später mit meiner Schwester und meiner Mutter zusammen am Küchentisch. Wer weiß, was sonst hätte passieren können.

16

«Hast du alles?»

Die Worte von meiner Schwester nehme ich an diesem Samstagmorgen kaum wahr. Während ich noch meine Zahnbürste in den Koffer packe, bin ich in Gedanken bei Alina. Die Verabschiedung gestern Abend war für uns beide sehr schwer. Sie hat mir schon gefehlt, als sie gegangen ist. Und dieser Zustand hat sich bis jetzt nicht geändert. Ich greife nach meinem Handy, will ihr noch schnell eine SMS schreiben. Doch dann lege ich das Handy zunächst auf den Schreibtisch und hole Alina´s Foto, welches sie mir gestern noch geschenkt hat, aus dem Koffer und betrachte es stumm. Ich weiß nicht, was ich schreiben soll, bewundere stattdessen einfach das Foto. Es zeigt Alina im Garten ihrer Großeltern, so hat sie es mir erklärt. Muss wohl im Sommer gewesen sein, denn ihr grünes Kleid hat keine Ärmel. Ich schaue ihr direkt in die Augen und wünschte, sie wäre jetzt hier. Ich erinnere mich an ihren Duft, an das Gefühl ihrer Lippen auf meinen und wie wir hier in meinem Bett gelegen haben.

«Dominik, das Taxi wartet», ruft mich meine Mutter wieder aus meinen Gedanken. Ich stecke das Foto zurück in den Koffer, ziehe meine Jacke an und eile zur Tür. Dabei frage ich mich, was ich denn alles eingepackt habe, damit der Koffer so schwer ist. Naja, ist egal. Ich muss ihn ja nicht den ganzen Weg tragen. Hauptsache ich habe nichts vergessen.

Später im Zug mache ich es mir so bequem wie möglich. Ich sitze am Fenster, Mama und Stephanie eine Reihe vor mir. Der Platz neben mir bleibt bei Abfahrt frei. Ich finde den Moment passend, Alina eine Nachricht zu schreiben, dass ich jetzt aus Mannheim weggefahren bin. Sie soll zumindest wissen wo ich bin und ich frage mich, was sie wohl gerade macht. Mit meinem Arm taste ich, ohne hinzuschauen, nach meiner Jacke, um das Handy raus zu holen. Da ich es auch im zweiten Anlauf nicht zu fassen bekomme, stehe ich auf und durchsuche die anderen Jackentaschen auf der Innenseite. Vergeblich. In diesem Moment muss ich an meinen Schreibtisch denken. Ich sehe das Handy praktisch vor mir, wie es darauf liegt. Ich lasse mich zurück in meinen Sitz fallen. Traurig, enttäuscht und wütend auf mich selbst. Ich lehne meinen Kopf gegen die Fensterscheibe und blicke gedankenverloren hinaus in die immer rasanter vorüberziehende Landschaft.

17

Sonntag, der 24. Dezember. Es ist 23 Uhr 38 und ich liege auf dem Bett. Im Dunkeln. Der Trubel unten wurde mir ein Bisschen zu viel, da hab ich mich lieber verzogen. Zwei Tage bin ich nun hier. Sollte Urlaub nicht was schönes sein und der Seele gut tun? Ich fühle mich nicht gut. Nein, ich bin gesund, aber ich vermisse meine Freundin.

Ich hab die Weihnachtsferien bei Oma und Opa immer gemocht, aber dieses Jahr hatte ich keine Lust zu fahren. Ich kann Rebecca so gut verstehen. Schön ist es hier, ja, aber das Gefühl der Sehnsucht hängt wie dichter Nebel über allem. Es sind zwar nur zwei Wochen, aber in einer so jungen Beziehung klingt das wie eine Ewigkeit. Freitag waren wir uns so nah gewesen, ausgerechnet da musste Stephanie reinplatzen. Wer weiß, wie es weitergegangen wäre. Meine Fantasie hat sich in den letzten Tagen so manche Sache zusammen gesponnen. Ich schalte die Nachttischlampe an, hole Alina´s Foto und denke zurück an Freitag auf meinem Bett. Für einige Momente schwelge ich in süßen Erinnerungen. Gerade als ich das Bild wieder auf den Nachttisch stellen will, klopft es an der Tür. Stephanie kommt herein. Mit Blick auf das Foto meint sie. «Bald seht ihr euch wieder. Sei nicht traurig. Sei lieber froh, dass ihr euch gefunden habt.»

Meine Gesichtszüge hellen sich ein wenig auf. So betrachtet klingt das gleich viel positiver. Stephanie zieht den Gürtel ihres Bademantels fester und setzt sich dann zu mir aufs Bett. Ich erzähle ihr, dass ich wegen Freitag kein Stück sauer auf sie bin. Hätte ich ihr was davon gesagt, dass ich Besuch bekomme, wäre sie sicher nicht so ins Zimmer gestürmt. Sie wollte nur ihre Freude mit mir teilen, dass unser gemeinsames Erdkunde pauken am Sonntag was gebracht hat. Das freut mich ja wirklich. Auch wenn ich für diese Erkenntnis ein paar Tage gebraucht habe. Wir plaudern noch ein wenig, bevor sie aufsteht und meint «Geh jetzt ins Bett und träum was schönes von Alina.»

Ich umarme sie daraufhin fest bevor sie aus dem Zimmer geht. Stephanie kommt mir mit ihren elf

Jahren manchmal reifer vor, als ich es mit 16 bin.
Ich bin stolz, solch eine Schwester zu haben.

Sie hat mir den Abend gerettet.

Sie hat für mich Weihnachten gerettet.

18

Ich begegne an diesem Montagmorgen allen mit einem Lächeln. Im Gegensatz zu gestern, handelt es sich heute nicht um aufgesetzte gute Laune. Ich habe mir vorgenommen, die zwei Wochen, trotz der Umstände zu genießen. Wenn ich nur Trübsal blase, hilft das weder Alina, noch mir. Es ist schließlich Weihnachten und so oft sehen wir Oma und Opa nicht. Er traut es sich nicht mehr zu, die lange Strecke selber zu fahren. Letztes Jahr waren sie zwar mal mit dem Zug für ein Wochenende nach Mannheim gekommen, aber normalerweise sehen wir uns nur an Weihnachten. Hier kommt dann die ganze Familie zusammen. Von Papa's Seite leben leider keine Verwandten mehr. Meinen Opa habe ich nie kennengelernt und Oma ist bereits vor vier Jahren an Krebs gestorben. Umso mehr genieße ich deswegen immer die Weihnachtsferien in Bayern im noch verbliebenen Familienkreis. Neben uns dreien ist auch Mama's Tante mit Familie da. Sie und ihr Mann wirken deutlich gealtert, seit ich sie das letzte mal gesehen habe. Aber die beiden gehen auch mit großen Schritten auf die 70 zu, da ist es verständlich.

Deren Sohn Claus ist zwar in der selben Altersklasse wie meine Mutter, würde aber auch für zehn Jahre älter durchgehen. Zu ihm hatte ich nie wirklich einen engen Bezug. Ich selbst bin ja schon ein ruhiger und zurückhaltender Mensch, aber er schlägt mich in dieser Hinsicht noch um Längen. Ich hoffe nicht, dass ich in ein paar Jahrzehnten ein solches Bild abgebe.

Und dann ist da noch das krasse Gegenteil von ihm, mein Onkel Kurt. Mama's Bruder ist die Lebensfreude in Person, immer gut drauf und einen Spruch auf den Lippen. Natürlich in Begleitung seiner aktuellen Lebensabschnittsgefährtin. Bisher war noch an keinen zwei Weihnachtsfesten die gleiche Frau an seiner Seite. Aber lustig ist's mit ihm trotzdem immer. Und so wird über die Weihnachtsfeiertage nicht nur gut gegessen, sondern auch viel gelacht. Auch von mir.

Meine Mutter ist sichtlich glücklich, mal wieder in ihrem Elternhaus zu sein. Sie ist hier in Niederbayern aufgewachsen und erst weg gezogen, nachdem sie sich mit Paps verlobt hatte. Die beiden hatten sich am Münchner Flughafen kennengelernt, als beide dort auf ihr Gepäck warteten. Scheinbar liegen solch außergewöhnliche Arten des Kennenlernens bei uns in der Familie.

Meine große Schwester bildet da eine Ausnahme. Rebecca hat Lukas in der Berufsschulklasse kennengelernt.

Ich mag es, wie alle im Wohnzimmer um den Weihnachtsbaum sitzen und alte Geschichten erzählen. Man merkt, dass meine Großeltern so richtig aufblühen. Selten ist das Haus so voller Leute, die beiden freuen sich spürbar über Gesellschaft. Und wie jedes Jahr nehmen wir uns vor, uns doch öfters zu sehen. Vielleicht klappt es im nächsten Jahr.

19

Wie die Zeit vergeht. Seit einer Woche sind wir jetzt bei meinen Großeltern und mittlerweile ist das wohlige Gefühl, hier zu sein, auch bei mir wieder eingekehrt. Dieses Haus ist über die Jahre hinweg wie ein zweites Zuhause für mich geworden. Als Paps den Unfall hatte, waren wir am überlegen, ob wir hierher umziehen sollten. Zwar wäre die Nähe zur Familie schön und auch die ruhige Gegend gefällt mir, obwohl ich in Mannheim geboren wurde und eher ein Stadtmensch bin. Aber für einen kompletten Neuanfang hatte meine Mutter zu dem Zeitpunkt nicht die Kraft, weshalb wir in unserer gewohnten Umgebung blieben. Aber auch hier steckt die Zeit voller Erinnerungen. Ich erinnere mich gut daran, wie Paps mich zum ersten Mal auf Ski gestellt hat. Da war ich acht. Klar bin ich öfters hingefallen und hab die meiste Zeit im Schnee verbracht, aber soweit ich zurück denken kann, hatte ich dabei viel Spaß. Wie eigentlich immer hier. Auch wenn es ein eher abgelegenes

Gebiet ist, wird es hier nicht langweilig. Wir waren an den letzten Tagen oft draußen, sei es Schlittenfahren oder zur erbarmungslosen Schneeballschlacht. Auch ein Schneemann mit stilechter Karottennase steht nun im Vorgarten. Vorgestern Abend haben wir uns ein Monopoly-Deuell von epischem Ausmaßen geliefert. Über drei Stunden spielten wir und ich musste mit ansehen, wie mein Vermögen in den Häuserreihen meiner Schwester aufging. Zum Glück ist es nur Spielgeld. Aber wenn man einem Sprichwort Glauben schenkt, werden Leute mit Pech im Spiel an anderer Stelle mit Glück gesegnet. Damit kann ich gut leben. Ich denke zurück an Alina, an den besonderen Moment in meinem Zimmer. Für solche Situationen verliere ich dann gerne irgendwelche Brettspiele. Wie gerne würde ich jetzt wieder ihre Brüste berühren. Glück in der Liebe ist sicherlich mehr wert, als es beim Spiel zu haben. Spielen macht auch Spaß, wenn man nicht gewinnt. Meistens zumindest.

«Kommst du mit Raketen kaufen?», holen mich meine Schwester und Onkel Kurt aus meinen Gedanken. Klar, wir brauchen doch Munition für den Jahreswechsel. Kurz darauf fahren wir drei in die nächste Stadt zum Feuerwerksverkauf. Die

Auswahl ist riesig und wir decken uns mit verschiedenen Böllern, Raketen und Batterien ein. Auch allerhand Kleinkram landet in unserem Einkaufswagen. Wir sind gerüstet.

20

Silvester. Heute Nacht wird es knallen. Ich wache um halb neun schon zum zweiten mal auf. Vor vier Stunden war auf dem Nachbargrundstück viel Licht und Lärm. Ein Auto kam und die Scheinwerfer schienen direkt in mein Zimmer. Türen knallen, Koffer die durch den Schnee gezogen wurden und Stimmengewirr. Scheinbar sind die Nachbarn nach Hause gekommen und die ganze Straße sollte davon wissen. Mich hat das rücksichtslose Verhalten so sehr geärgert, dass es eine Stunde gedauert hat, bis ich wieder eingeschlafen bin. Dies ärgert mich jetzt noch.

Nach dem Frühstück begleite ich Opa zur Bäckerei im Ort. Wir wollen nicht ohne frische Brezeln und Brot ins neue Jahr starten. Als wir am Haus der Nachbarn vorbei kommen, hätte ich gute Lust gegen die Mülltonne zu treten, um die Bewohner ebenso um den Schlaf zu bringen, wie sie es mit mir getan haben. Ich lasse es aber doch bleiben, frage Opa im Vorbeigehen nur, was das für Leute sind, die da wohnen.

«Die Eckmaiers. Kennst du die nicht mehr? Er ist Architekt und sie arbeitet in der Apotheke unten am Rathausplatz. Eigentlich ganz nette Leute. Die Tochter geht glaube ich noch zur Schule. Sind die schon wieder daheim? Ich dachte die sind länger im Urlaub. Aber wenn du es sagst, Dominik.»

Ich werfe einen Blick nach oben in Richtung Haus. Es ist nichts zu hören, niemand zu sehen. Aber ich bin mir sicher, dass die heute Nacht gekommen sind.

In der Bäckerei sind noch einige Leute vor uns, doch nach ein paar Minuten haben wir alles, was wir wollen. Jetzt geht's zurück nach Hause, der Silvestercountdown läuft. In einer Stunde feiert man in Samoa schon das neue Jahr und auch für uns ist 2007 nicht mehr in weiter Ferne.

Als wir auf dem Rückweg erneut am Nachbarhaus vorbeikommen, sind die Eckmaier's gerade dabei, das restliche Gepäck aus dem Auto zu laden. Kaum zu glauben, dass die heute Nacht noch was vergessen haben.

«Grüß Gott. Seid ihr schon zurück? Ich dachte ihr kommt erst im neuen Jahr?», grüßt mein Opa den Nachbarn.

«Wollten wir ja auch, aber in unserer Pension hatte es einen Wasserrohrbruch. Da blieb uns nur die Flucht. Während der Vier-Schanzen-Tournee hat es keine freien Zimmer mehr zum ausweichen.»

Okay, das erklärt, weshalb die mitten in der Nacht hier wieder aufgekreuzt sind. Wer will schon im Skiurlaub absaufen, obwohl noch nicht mal ein Pool in der Nähe ist.

«Kennst du meinen Enkel noch?», höre ich Opa sagen. Ich blicke zu dem Nachbarn, kann mich nicht erinnern, ihn zuvor gesehen zu haben. Er scheint sich jedoch zu meiner Überraschung an mich zu erinnern.

«Ja, da war er aber noch ein kleiner Bursche. Das ist sicher schon fünf oder sechs Jahre her. Das war in dem Jahr, als meine Frau sich das Bein gebrochen hatte und wir den Urlaub deshalb absagen mussten», sagt Herr Eckmaier und nickt mir zu.

Opa deutet mit dem Baguette in der Hand in Richtung seines Hauses «Wenn ihr zwei jetzt so überstürzt nach Hause gekommen seid, hattet ihr ja keine Gelegenheit für Silvester einzukaufen. Wollt ihr hinüber zu uns kommen?»

«Drei,» meint der Nachbar, «Sandra ist auch da.»

Opa überlegt einen kurzen Moment und antwortet dann « Kein Problem. Also wenn ihr wollt, kommt um sieben zu uns. Wir haben genug für alle.»

Als wir wenig später weiter gehen, meine ich zu Opa nur, dass ich mich an die Nachbarn gar nicht erinnern könne.

«Doch ihr habt euch damals hier gesehen. Du warst mit deinem Vater am rodeln, vielleicht erinnerst du dich daran mehr als an die Leute drumherum.»

Damit hat Opa recht.

Am Nachmittag bin ich gerade dabei, Käsewürfel auf Cocktailstäbchen zu stecken, während wir die Qualifikation für das Neujahrsspringen anschauen, als es an der Türe läutet. Von meinem Platz in der Küche sehe ich zwar den Fernseher, jedoch nicht die Haustür. Ich bekomme nur wenige Wortfetzen mit und konzentriere mich lieber darauf, die Trauben richtig zu durchstechen, damit sie nicht vom Käse fallen. Trotzdem kann ich es nicht verhindern, dass die ein oder andere über den Küchentisch kullert.

Kurz darauf kommt mein Onkel in die Küche und meint «Hilfe naht.» Ich denke mir noch, dass ich auch allein zurecht komme, aber er, wenn er denn will, mir auch helfen kann. Erst dann blicke ich auf und sehe eine Blondine hinter ihm im Türrahmen. Ich weiß ja, dass er seine Begleiterinnen häufiger mal wechselt, aber das wäre selbst für ihn heftig. Vor allem weil Jessica, die Frau mit der er angereist ist, noch im Wohnzimmer sitzt.

«Hi, ich bin´s, Sandra. Lange nicht gesehen.»

Ich blicke zu ihr, murmele eine Begrüßung zurück und versuche mich zu erinnern, woher ich die Frau kennen könnte. Sie ist nahezu so groß wie ich, blonde lange Haare, leicht gelockt. Und strahlend blaue Augen,

«Dein Opa hat uns für heute Abend eingeladen und da dachte ich, ich könnte vielleicht bei den Vorbereitungen helfen.»

«Das ist aber nett von dir, Sandra», ist mein Onkel Kurt der erste, der etwas sagt. «Wir müssen jetzt die Bowle ansetzen, sonst sitzen wir heute Nacht auf dem Trockenen und das will doch keiner.»

Obwohl Kurt nächstes Jahr schon 40 wird, ist er immer noch der lockerste Mensch den ich kenne, immer kontaktfreudig und nie um einen Spruch verlegen. Ich glaube, der würde selbst Mönche mit einem Schweigegelübde zum sprechen bringen.

«Schau doch mal im Kühlschrank, den Sekt habe ich schon kalt gestellt», sagt er, während er sich nach der Bowleschüssel im Küchenschrank bückt. Als er sie in Händen hält, kneift er ein Auge zu und meint «Die könnte ein wenig klein sein. Wir sind zwölf Leute, wenn ich deine Schwester nicht mit zähle», rechnet er vor.

«Meine Eltern haben bestimmt auch so ein Teil. Ich kann die holen, dann reicht es bestimmt», antwortet Sandra und macht sich auf den Weg nach draußen, noch bevor ich meine Stimme wieder gefunden habe. Beim Versuch, einen Käsewürfel aufzuspießen, steche ich mir in den Finger. So ein Mist.

Als es zehn Minuten später wieder an der Tür klingelt, ist Onkel Kurt gerade dabei, Eiswürfel in die mittlerweile halbvolle Schüssel zu werfen, weswegen er mich zur Tür schickt. Ich öffne und mein Blick trifft direkt in Sandra´s Augen. «Hi», sage ich und gehe einen Schritt zur Seite damit sie reinkommen kann. Sie stellt eine Tasche ab und drückt mir die Bowleschüssel in die Hand. «Du bist aber nicht sehr gesprächig. Schlechte Laune oder was ist los?», fragt sie, während sie sich die Stiefel auszieht.

«Nur etwas müde», antworte ich.

«Ich bin wunderbar ausgeschlafen. Hab einen schönen Mittagsschlaf gehalten und bin erst vor einer Stunde wieder aufgestanden. Wir hatten eine unruhige Nacht.»

Damit bist du nicht allein, denke ich mir. Ohne eine Antwort von mir abzuwarten, macht sie sich wieder auf den Weg in die Küche. Lautstark ist zu vernehmen, dass Onkel Kurt gerade eine weitere Sektflasche geöffnet hat und die Bowleschüssel nun bis an den Rand befüllt.

«Perfektes Timing», meint er, als wir mit einem weiteren Gefäß für seinen Silvestertrunk in die Küche kommen.

Kurz darauf stehen zwei Schüsseln gefüllt mit Sekt, Früchten und Eiswürfeln auf der Anrichte.

«Wir sollten mal probieren», schlägt Sandra vor. Diese Gelegenheit lässt Onkel Kurt nicht ungenutzt und füllt drei Gläser. Wir prosten uns schon mal zu, während man aus dem Wohnzimmer unzufriedenes Gemurmel hört. Scheinbar ist die Qualifikation beim Skispringen nicht zur Freude der Familie ausgegangen.

Anschließend bringt Sandra aus ihrer Tasche noch Luftschlangen, Knabberzeug und eine Flasche Wodka zum Vorschein. «Wenn wir schon hier feiern, will ich auch was mitbringen. Mehr hab ich bei uns aber nicht gefunden», meint sie mit einem leichten Schulterzucken. «Normalerweise feiern wir ja nicht hier zu Hause.»

«Silvester vielleicht nicht, aber den Rest des Jahres lebst du doch hier», sage ich zu ihr, weil sich mein Mitleid für den ausgefallenen Skiurlaub in Grenzen hält.

«Nee, hier würde ich eingehen.» Sandra rollt mit den Augen und erklärt « Ich gehe auf ein Internat am Bodensee. Die Ferien fahren wir dann meistens weg. Also ich bin, wenn´s hoch kommt, vier Wochen im Jahr hier im Dorf. Und ich finde das reicht.»

Okay, die Dame will lieber die weite Welt. Ich kann mich beim besten Willen nicht daran erinnern, sie früher schon kennengelernt zu haben, aber wäre sie jetzt nicht hier in der Küche, würde ich mir diese Gedanken auch nicht machen. Ich kann mir gut vorstellen, dass sie zu der Sorte Mädchen gehört, die auf dem Schulhof immer laut gackernd herumstehen und um die ich einen großen Bogen mache.

Sie richtet die Kapuze von ihrem Pulli und fragt «Willst du noch ein Glas, Kleiner?»

Ich blicke zu ihr rüber. Schaue sie genau an um zu prüfen, wer von uns beiden denn größer ist. Möglicherweise ist sie zwei oder drei Zentimeter größer als ich, aber das kann auch durch ihre Locken täuschen.

«Was soll das heißen? Kleiner?»

«Wie alt bist du, Dominik?

«16»

Sandra schiebt mir ein neues Glas Bowle zu. «Siehst du, ich bin seit Anfang November 18. Also, Cheers»

Mir fällt darauf keine Antwort ein. Also nehme ich das Glas und trinke.

Kurz darauf verabschiedet sich Sandra wieder. «Okay, dann komm ich nachher mit meinen Eltern. Kann dann ja noch was helfen, wenn noch was zu tun ist.»

«Das passt schon», winkt Onkel Kurt ab.

21

Es ist kurz nach acht als ich wieder nach unten komme, nachdem ich mich umgezogen habe. Das Wohnzimmer ist voller bunter Luftschlangen. Meine Schwester hatte in der letzten Stunde noch alles, was zur Deko taugt, im Zimmer verteilt. Meine Oma scheint auf den ersten Blick wenig begeistert, aber das passiert ja auch nur einmal im Jahr. Ich schenke mir gerade ein Glas Cola ein, als Opa und Herr Eckmaier ins Wohnzimmer kommen. Nanu, wo kommt der denn jetzt her. Ich habe die Klingel gar nicht gehört. Ich blicke in den Flur, doch es scheint sonst niemand gekommen zu sein. Ich trinke einen Schluck und greife nach ein paar Salzstangen auf dem Couchtisch. Meine Mutter ist zusammen mit ihrer Tante noch dabei, die Stühle um den Esstisch zu platzieren. Es wird also noch eine Weile dauern, bis es was zu essen gibt. Ich setze mich zu meiner Schwester und Onkel Kurt´s Freundin Jessica aufs Sofa. Im Fernsehen zeigen sie gerade die Hits des Jahres. 'No No Never' von Texas Lightning wird mich sicher den ganzen Abend als Ohrwurm verfolgen. Dabei mag ich das Lied noch nicht mal besonders.

Noch bevor Platz 1 aufgelöst wird riecht es nach Essen und wir setzen uns an den großen Tisch im Esszimmer. Erst hier merke ich, dass in der Küche auch noch ein paar Leute sind. Das Haus ist einfach zu groß um alles im Blick zu haben. Meine Mutter kommt mit ihrem Cousin aus der Küche, beide schon mit einem Glas Bowle in der Hand. Obwohl die zwei nahezu im gleichen Alter sind, verhalten sie sich total unterschiedlich. Ich glaube, er gehört zu den Leuten, die zum Lachen in den Keller gehen. Aber ich kenne ihn nicht anders. Hinter den beiden die Frau, die mich um den Schlaf gebracht hat und die ich heute zum ersten mal am Auto gesehen habe. So aus der Nähe wirkt Frau Eckmaier deutlich älter. Dahinter erst eine Parfumwolke und dann steht auch Sandra im Esszimmer. Sie lächelt mir kurz zu, blickt dann zu den anderen. Ich blicke zu ihr. Wie sich ihre blonden Locken auf dem knallroten Shirt kringeln. Der schwarz-weiss karierte Rock gibt noch den Blick auf die Knie in schwarzen Strumpfhosen frei. Sie setzt sich neben ihre Mutter und Onkel Kurt. Ich sitze am anderen Rand bei Oma und Stephanie. Jeder befüllt sich sein Raclette-Pfännchen nach Belieben und es ist ein Zischen und Brutzeln, welches manches Wort übertönt. Egal was drin ist, bei mir kommt in jedem Fall extra Käse drauf. Es ist total lecker, aber nach dem dritten Durchgang reicht´s mir erst mal. Zusammen mit meiner Schwester gehe ich ins Wohnzimmer, wo Oma schon mit ihrem Bruder sitzt und, wenn ich es richtig verstehe, über die Neujahrsansprache von Bundeskanzlerin Merkel diskutiert. Das ist mir dann doch ein zu schweres Thema. Im Fernsehen läuft nur eine dieser krampfhaft lustigen Shows, egal wo man hin schaltet. Darauf hab ich auch keine Lust. Stephanie holt die Uno-Karten aus dem Schrank und fängt an, diese zu mischen. «Oh, da spiel ich mit», meint Oma. Scheinbar mag sie sich nicht weiter über Politik auslassen. Als wir gerade die zweite Runde begonnen haben kommt Onkel Kurt lachend ins Wohnzimmer. «So, jetzt wird's lustig. Ich hab extra für heute was mitgebracht.» Ihm folgen noch die meisten anderen aus dem Esszimmer und alle schauen zu ihm, was er denn vor hat. Kurz darauf erkenne ich, dass er aus seiner Tasche eine Playstation holt und diese am Fernseher anschließt. Anschließend packt er das 'Singstar'-Spiel aus. Oh nein, Karaoke denke ich mir. «Oh, klasse Karaoke!», höre ich hinter mir. War das etwa meine Mutter? Ich frage mich, was in der Bowle ist, dass sie sich so plötzlich für Karaoke begeistert. Sie schnappt sich tatsächlich gleich das Mikrofon und meint dann, nach einem kurzen Blick auf die Titelliste «Für mich Aretha Franklin, Kurti»

In den folgenden Minuten fordert ihr Gesang tatsächlich Respekt, denn sie singt so, dass man den Titel problemlos erkennt. Als nächstes schnappen sich Onkel Kurt und Jessica die Mikrofone und singen ein Duett. Bei den Blicken, die die beiden sich dabei zuwerfen, nimmt man ihnen ab, dass sie die Worte genauso meinen, wenn sie singen, dass die Welt miteinander nur wundervoll sein kann.

«Jetzt lass mal die Jugend ran», meint Opa im Hintergrund. Innerlich will ich schon protestieren. Ich merke, wie ich nervös werde, bei dem Gedanken auch singen zu sollen. Glücklicherweise hat Stephanie sich das Mikro geschnappt und versucht sich an den Toten Hosen. Doch bevor ich mich in Sicherheit fühlen kann, meint Onkel Kurt «Jeder kommt mal dran. Es bleibt ja unter uns.» Ich werfe schon mal einen zaghaften Blick auf die Songliste, merke, dass ich mich hier nicht drücken kann. Die meisten Lieder sagen mir gar nichts. Doch dann entdecke ich glücklicherweise einen Song, mit welchem ich was anfangen kann. Gesungen hab ich den zwar noch nicht, aber im Gitarrenunterricht bei Armin habe ich den öfters gespielt. Das würde ich jetzt auch lieber machen, anstatt zu singen. Doch bevor ich mich an 'Sweet home Alabama' versuche, schnappt sich Sandra das Mikro und singt eine sehr intensive Version von Madonna's 'Papa don't preach'. Ich beneide sie. Gewiss nicht um ihre Stimme, aber um ihr Selbstbewusstsein, mit welchem sie den Song von Anfang bis Ende singt und dabei nur mit Glück mal einen Ton trifft. Als sie fertig ist, lacht sie und reicht das Mikrofon an mich weiter. Jetzt bin ich gar nicht mehr so angespannt, als ich die ersten Textzeilen vom Bildschirm ablese. Drei Minuten später muss ich sogar zugeben, dass es Spaß gemacht hat.

Singen macht durstig, weshalb ich ins Esszimmer gehe. Als ich gerade nach der Colaflasche greife, reicht mir Sandra ein Glas Bowle. «Gar nicht schlecht gesungen. Machst du das öfter?»

Ich schüttele den Kopf und antworte, nachdem ich einen kräftigen Schluck genommen habe «Nein, ich spiele zwar Gitarre, aber singen tu ich nicht.» Das Singen hat meiner Stimme wohl einiges abverlangt, mein Hals kratzt ziemlich. Schnell trinke ich das Glas aus.

«Spielst du ein Instrument?», will ich von Sandra wissen.

«Im Internat manchmal Klavier. Aber wirklich viel kann ich da nicht.» Mit Blick auf mein leeres Glas meint sie «Komm wir holen uns Nachschub.»

In der Küche füllt sie unsere Gläser wieder auf und wir lehnen an den Küchentisch, während wir anstoßen.

«Was hast du nach der Schule vor?»

Ich blicke in mein Glas und beobachte das darin schwimmende Obst, ehe ich antworte. «Noch hab ich keinen wirklichen Plan.»

Sandra zuckt nur mit den Schultern. Scheinbar ist sie mit dieser Antwort einverstanden. «Wetten, du schaffst es nicht, das Glas auf Ex auszutrinken», wechselt sie das Thema. Dieser Herausforderung stelle ich mich und leere das Getränk in einem Zug. Ein paar Fruchtstücke sind auch in meinem Mund gelandet, weshalb ich kauend das Glas in ihre Richtung halte. Sandra grinst nur.

In der Küche ist es doch ziemlich warm, weshalb ich die Ärmel meines Pullovers nach oben ziehe. «Was ist bei dir dieses Jahr das spektakulärste gewesen?», will ich von ihr wissen. Nach kurzem Überlegen kommt die Antwort. «Die Fußball WM. Ich war beim Eröffnungsspiel im Stadion. Das war schon geil. So eine Sache erlebt man nicht oft.» Da stimme ich ihr zu. Sie erzählt noch von den Eindrücken bevor wir uns wieder zu den anderen gesellen. Im Esszimmer hat sich eine Gruppe versammelt, doch anstatt was essbarem, betrachten sie eine Schüssel Wasser. Obwohl ich mir nicht vorstellen kann, dass Bleiklumpen die Zukunft vorhersagen können, versuche ich mich daran und beteilige mich am Bleigießen. Das einzige, was in etwa so aussieht, wie meine Figur wäre wohl ein Kaktus. Doch dafür steht auf der Packung keine Bedeutung. Das Spiel mit dem Feuer hat auf seltsame Weise sogar Spaß gemacht, doch wurde es mir zusehends warm dabei, weshalb ich kurz nach oben gehe, um meinen Pullover gegen ein T-Shirt einzutauschen. Im Bad erfrische ich mich noch mit einem Schwall kühlem Wasser ins Gesicht. Das Jahr hat nur noch eine Stunde, da sollte ich jetzt nicht müde werden. Irgendwie ist es immer noch warm, weshalb ich meinen Zahnputzbecher mit Wasser fülle und ihn sogleich austrinke. Jetzt fühle ich mich wieder besser. Ich trockne mein Gesicht und meine Hände ab und gehe wieder nach unten.

Opa stellt gerade eine Platte mit Pasteten auf den Tisch. «Nicht, dass mir jemand hungrig in das neue Jahr startet.»

Ich lasse anderen aber den Vortritt und schaue ins Wohnzimmer. Dort sitzen meine Mutter, ihr Cousin Claus, Onkel Kurt mit Jessica und Sandra mit ihren Eltern. Alle haben einen Zettel auf der Stirn kleben. Als sie mich entdecken, winken sie mich gleich zu sich. Onkel Kurt kritzelt etwas auf einen Zettel und klebt mir diesen direkt auf die Stirn. Kurz darauf bricht Sandra in schallendes Gelächter aus. Auch die anderen können sich ein Grinsen nicht verkneifen. Ich schaue mich um, sitze inmitten von Miss Marple, Franz Beckenbauer, Elton John, Heidi, Ludwig dem 14., Angelina Jolie und Kaiserin Sissi. Letztere spielt mit ihren Fingern an ihren blonden Locken und versucht als nächstes zu erraten, welcher Name auf ihrer Stirn steht. Es braucht ein paar Minuten und einige Hilfestellungen, bis Sandra es schließlich raus hat. «Jetzt du, Dominik», meint Jessica. Niemand scheint zuerst zu wollen. Wollen die sich alle drücken? Na gut, dann fang ich halt mal an.

«Bin ich männlich?»

Bei den Antworten ist «Ja», «Nein» und «Weiss nicht» gleichermaßen vertreten. Na toll, denke ich mir. Offensichtlich ist der Name auf meiner Stirn nicht allen ein Begriff. Das Ehepaar Eckmaier hält sich vornehm zurück. Auch Mama´s Cousin Claus kann auf meine Nachfragen nicht antworten. Ich schaffe es zumindest, mich so weit anzunähern, dass ich eine Plüschfigur und im Fernsehen zu sehen bin. Bevor ich noch weitere Hinweise erhalte, ruft Opa zu uns. «Es wird langsam Zeit, wir müssen die Raketen noch vor´s Haus bringen, sonst sind wir zu spät dran.»

Ich greife nach dem Zettel auf meiner Stirn. 'Teletubbie Dipsy'. Die anderen stehen schon auf. Ich sitze noch einen Moment fassungslos da. Wie kommt Onkel Kurt denn auf sowas?

«Komm mit», meint Sandra dann zu mir, «wer verliert muss einen trinken.» Das auch noch. Wusste ich zwar nicht, aber ich folge ihr trotzdem in die Küche. Sie holt die Wodka-Flasche aus dem Kühlschrank. Da diese schon angebrochen ist, glaube ich ihr die erwähnten Spielregeln. Sie schenkt mir ein und reicht mir das Glas.

«Runter damit. Spielschulden sind Ehrenschulden, sagt man doch.» Zuerst schmeckt es ein wenig bitter, dann brennt es nur noch im Hals. Tränen steigen mir in die Augen und ich drehe mich zur Seite. Sandra soll das nicht merken.

Ich trinke noch einen Schluck Wasser nach und dann machen wir uns auch fertig für den Jahreswechsel. Die meisten anderen stehen schon vor dem Haus. Ich will schnell nach oben, meinen Pullover holen, da verliere ich auf der Treppe fast das Gleichgewicht. Kann mich gerade noch am Geländer festhalten. Plötzlich ist mir auch ohne Pulli wieder ganz warm. Trotzdem ziehe ich diesen über und gehe wieder nach unten. Schnell greife ich im Regal nach meinen Schuhen. Als ich mich wieder aufrichte, laufe ich fast gegen den Türrahmen. Ich dachte, ich stehe weiter rechts.

Die kühle Luft draußen tut gut. Ich nehme erst mal einige tiefe Atemzüge bevor ich nach den Feuerwerkskörpern schaue. In der Ferne leuchten schon ein paar bunte Raketen am Himmel auf, doch noch sind es ein paar Minuten bis Mitternacht. Es ist eine klare Nacht. Der Schnee ist zum Glück nicht zu rutschig, es steht einer tollen Silvesternacht nichts im Weg. Das Ploppen der Sektflasche ist deutlich zu hören. Der Korken ist irgendwo weiter hinten im Garten gelandet. Die zweite Flasche öffnet deutlich leiserer.

Herr Eckmaier und Onkel Kurt befüllen die Gläser. Opa schaut auf die Uhr. Die letzte Minute des Jahres 2006 ist angebrochen.

22

«Ein frohes neues Jahr!»

Wir stoßen mit den besten Wünschen für das neue Jahr an. Ich trinke das Glas Sekt eilig aus und greife dann zum Feuerzeug und meinen Raketen. Nur noch wenige Momente und ich beteilige mich am bunten Himmelsspektakel. Farbenfrohe Muster zieren weithin sichtbar den klaren Nachthimmel. Meine Rakete steigt nach oben und erstrahlt kurz darauf in grünen Funken. Allerorts knallt und pfeift es, wird gelacht und gerufen. Auch wenn in der direkten Nachbarschaft keine Leute mehr zu sehen sind, hört man entfernt noch einige Stimmen, die wohl einen ähnlich ausgelassenen Abend haben wie wir. Meine Hände werden schon spürbar kalt als ich etwa eine Viertelstunde später meine letzte Rakete anzünde. Plötzlich spüre ich einen warmen Atem in meinem Nacken. Sandra steht mit zwei Sektgläsern hinter mir.

«Ich möchte nochmal mit dir auf das neue Jahr anstoßen.», meint sie. Ich ergreife ein Glas, blicke ihr in die Augen und wir wünschen uns abermals alles Gute für das nun beginnende Jahr 2007.

Am Himmel sind nur noch vereinzelt bunte Feuerwerkskörper zu sehen, das Mondlicht bahnt sich langsam wieder einen Weg durch die Rauchschwaden. Zusammen mit Jessica und Onkel Kurt räumen wir noch die Reste unserer Raketen weg und gehen dann als letzte zurück ins Haus. Der Temperaturunterschied ist doch heftig. Auch wenn mir draußen nicht wirklich kalt war, finde ich es jetzt sehr warm. Mein Kopf wird schwer und ich merke wie ich anfange zu schwitzen, als ich meine Schnürsenkel aufmache. Deshalb ziehe ich auch den Pullover gleich wieder aus. Ich gehe in die Küche und freue mich, dass im Kühlschrank noch eine kalte Cola steht. Die kann ich jetzt gut gebrauchen.

Nachdem ich meinen Durst gestillt habe schaue ich ins Wohnzimmer. Meine Mutter versucht sich nochmals an 'Singstar' und grölt gemeinsam mit Frau Eckmaier ins Mikrofon. Nicht schön, aber selten. Ich blicke eine Weile gedankenverloren zu den beiden, meine Augen wollen sich nicht weiter bewegen. Dann entdecke ich die Chips auf dem Tisch und steuere diese an. Irgendwie schmecken die komisch, meine Zunge fühlt sich schon schwer an. Lieber keine Chips mehr. Ich schaue, was der Tisch noch so zu bieten hat. Obst. Soll ja gesund sein. Auch wenn es in der Bowle schwimmt. Ich schütte mir ein Glas ein und nehme es mit in die Küche. Aus der Schublade nehme ich mir einen kleinen Löffel und angele im Bowleglas nach den Fruchtstücken. Gar nicht so einfach, stelle ich fest. Dabei will ich ja nur was gesundes zu mir nehmen.

«Ach hier steckst du», vernehme ich eine mittlerweile vertraute Stimme. Ich blicke zur Tür, wo Sandra steht und dabei dummerweise direkt in die Lampe an der Decke. Das helle Licht sorgt für ein Flimmern in meinen Augen. Ich sehe Sandra nur leicht verschwommen, aber egal. «Willst du auch nochmal singen?», fragt sie.

«Nein, danke, ich finde einmal reicht.»

«Ich hab eben nochmal. Ist doch lustig. Aber ich will eben rüber zu mir, ein anderes Spiel holen. Dein Onkel singt sonst die ganze Nacht weiter.»

Ich muss lachen. Die Vorstellung, dass Onkel Kurt ein Privatkonzert im Wohnzimmer spielt, ist gar nicht so abwegig. «Soll ich mitkommen?», höre ich mich fragen, da mir sonst nix einfällt, was ich sagen soll. Sandra zuckt nur mit den Schultern. Ich folge ihr.

Die Nacht fühlt sich so viel dunkler und kälter an, als noch vor einer Stunde. Erst als wir das Grundstück der Eckmaiers erreichen, fällt mir auf, dass ich ja nur ein T-Shirt unter der Jacke trage. Sandra schließt die Tür auf und geht hinein. Als ich es ihr gleich tue, stolpere ich über einen Blumenkübel vor der Tür.

« Hey, pass lieber auf, meine Mutter bringt dich um wenn du ihre Pflanzen kaputt machst.»

Vorsichtig folge ich Sandra in ihr Zimmer.

«Setz dich», meint sie und deutet mit dem Kopf auf den Schreibtischstuhl, «ich bin gleich wieder da.»

Ich setze mich mit etwas zu viel Schwung und mache eine halbe Drehung, während ich ihr nachschaue. Ich drehe mich noch eine Runde und sehe mich etwas im Zimmer um. Ihr Bett ist nicht gemacht. Es liegt so da, wie sie heute aufgestanden ist. Vor dem Bett liegen ihre Socken und ein Buch mit einem Bleistift drauf. Sollte das ihr Tagebuch sein? Meine Neugierde ist geweckt. Ich bücke mich zu dem Buch, verliere dann jedoch das Gleichgewicht und schaffe es gerade noch, mich mit dem linken Arm am Boden abzustützen, bevor ich komplett vom Stuhl falle. Ich setze mich wieder hin, atme tief durch und versuche, ruhig zu bleiben. Plötzlich fällt etwas aus dem Regal hinter mir zu Boden. Erschrocken fahre ich zusammen und blicke auf den Boden neben mir. Ein Bleistiftspitzer liegt dort. Der Deckel hat sich gelöst und der Inhalt verteilt sich auf dem Boden. Ich bekomme Gänsehaut. Ich bin doch nur ruhig da gesessen. Unbewusst blicke ich zum Tagebuch. Noch liegt es unverändert da. Ich bin doch nirgends gegen gestoßen. Oder etwa doch? Ich höre die Toilettenspülung und schaue vorsichtig über meine linke Schulter. Der Spitzer kann doch nicht von alleine runter fallen. Eine Tür fällt ins Schloss, was mich wieder zusammenzucken lässt. Dann schaue ich in zwei finster dreinblickende grüne Augen auf dem Regal. Der Gesichtsausdruck der Katze ist eindeutig. Sie stört sich an meiner Anwesenheit. In dem Moment, als Sandra wieder ins Zimmer kommt, springt die Katze vom Regal und geht zur Tür. Nicht jedoch, ohne sich nochmals zu mir umzudrehen und mir ein fieses Fauchen zu schenken. «Ah, du hast Gitty schon kennengelernt», lacht Sandra. Sie öffnet den Schrank und holt ein Spiel hervor. 'Tabu' steht auf der Packung. Gehört hab ich davon schon, kann mir darunter im Moment aber nichts vorstellen. Sie stellt das Spiel auf den Schreibtisch und meint «Komm mal her, ich will was testen.» Ich stehe auf und mache einen Schritt zu ihr hin. Fast trete ich auf den Bleistiftspitzer, weshalb ich mich schnell bücke um diesen aufzuheben. Ich lege ihn auf den Schreibtisch und als ich Sandra wieder gegenüberstehe, mache ich einen großen Schritt um nicht das Gleichgewicht zu verlieren. Mit der Schulter streife ich ihren Kleiderschrank. «Hey, was ist denn los?» Mit ihren Händen greift sie nach meinen Ellenbogen und zieht mich näher an sich heran. «Geht schon wieder», sage ich mit belegter Stimme. Das ist mir gerade richtig unangenehm. Ich spüre ihre Arme auf meinem Rücken. Unsere Gesichter kommen sich näher und plötzlich spüre ich ihre Lippen. Ich atme tief ein, meine Lippen erwidern den Kuss. Ich kann meinen Herzschlag hören. Als sie ihre Lippen von meinen löst, blicke ich sie nur mit weiten Augen an. «Ich hab im Bad einen neuen Lippenstift aufgetragen. Und jetzt musste ich testen, ob der wirklich kussecht ist, wie drauf steht. Und ein Test funktioniert nun mal nicht ohne Assistenten», grinst sie. «Komm wir gehen.»

Ich bin noch immer unfähig etwas zu sagen und folge ihr schweigend, als sie das Zimmer verlässt, in der Hand das 'Tabu'.

«So schlimm war das jetzt aber nicht, oder?», fragt Sandra, als ich immer noch schweigend das Haus verlasse. Ich schüttele nur eilig den Kopf. Vielleicht ordnen sich auf diese Weise die Gedanken darin wieder. Ich spüre keine Kälte auf dem kurzen Weg. Als ich meine Jacke an dem Haken an der Garderobe aufhängen will, kostet mich das einige Mühe. «Ich brauch was zu trinken», meine ich leise, mehr zu mir selbst. Mein Blick fällt auf die Bowleschüssel auf dem Tisch. In einem Zug trinke ich das Glas aus. Anschließend folge ich ins Esszimmer, wo Sandra und Onkel Kurt das 'Tabu'-Spiel schon aufgebaut haben. Jessica und Sandra´s Eltern komplettieren unsere Runde. Wir bilden zwei Teams und treten Männer gegen Frauen an. Es gilt Begriffe zu umschreiben und erraten. Nicht so einfach wie ich gedacht habe. Vor allem unter Zeitdruck kommen die besten Einfälle meistens zu spät. Das ist ja wie in der Schule. Ständig quietscht jemand dazwischen, weil wieder ein verbotenes Wort verwendet wurde, aber trotzdem macht es eine Menge Spaß und es wird auch viel gelacht. Besonders Frau Eckmaier beschreibt manche Sachen so kompliziert, dass man gar nicht darauf kommen kann. Ist mir aber egal, sie spielt schließlich im gegnerischen Team.

Nach gut einer Stunde freue ich mich, auf der siegreichen Seite zu stehen und Onkel Kurt nutzt den Anlass um auf den Sieg anzustoßen. Natürlich alles im Spaß, es war ja nur ein Spiel. Wir packen das alles wieder zusammen und schauen zu den anderen, die im Wohnzimmer sitzen. Oder, wie im Fall meiner Schwester, liegen. Stephanie ist vor dem Fernseher eingeschlafen. Opa kommt auf uns zu und deutet zum kleinen Eckschrank. «Ich hab noch was feines, Wolfgang», meint er zu Sandra´s Vater. «Das ist ein ganz traditionsreicher Enzian-Schnaps, den sollten wir uns jetzt noch gönnen», sagt Opa, nachdem er eine Flasche aus dem Schrank genommen hat und diese wie eine Trophäe in Händen hält. «Kurt, hol doch mal Gläser.»

«Ich glaube für die Damen ist der eher nichts», meint mein Onkel, als er vier Gläser auf den Tisch stellt. Zur Bestätigung nickt Frau Eckmaier. Opa schenkt ein und prostet uns zu. «Auf ein gutes neues Jahr» Kurz darauf greifen auch Onkel Kurt und Herr Eckmaier nach einem Glas. Sie schauen zu mir, bis ich ihren Erwartungen nachkomme und das vierte Glas vom Tisch nehme. Während ich die Flüssigkeit noch an den Lippen spüre, haben die anderen ihre Gläser bereits geleert. Also gebe ich mir einen Ruck und nehme einen tiefen Schluck. Kaum rinnt der Schnaps durch meine Kehle, muss ich auch schon husten. Es brennt in meinem Hals, gefühlt bis in die Lunge. Ich stelle das leere Glas wieder ab, wobei es mir versehentlich umfällt. Es gelingt mir aber, es wieder aufzurichten. Und plötzlich ist das Glas wieder voll. «Noch eins, auf die schöne Feier», höre ich jemanden in der Ferne sagen. Doch Opa steht neben mir am Tisch. Irgendwie hört sich alles weit weg an. Ich greife nach dem Glas und versuche das Husten so gut es geht zu unterdrücken. Stattdessen schüttelt es mich durch, als ich die bittere Flüssigkeit im Mund habe. Die anderen lachen, ich wende mich ab und will in die Küche. Ich brauche jetzt einen anderen Geschmack im Mund. Der Weg kam mir noch nie so weit vor. Als ich endlich vor dem Kühlschrank stehe, schließe ich diesen sofort wieder, ohne etwas hinaus zu nehmen. Stattdessen stütze ich mich zunächst mit beiden Armen an der Anrichte ab. Als ich merke, dass mein rechter Arm dabei ist, nachzugeben, gehe ich langsam in die Hocke, bis ich schließlich auf dem Küchenboden sitze. Ich schließe die Augen, vergrabe mein Gesicht in meinen Händen. Mir geht es gerade gar nicht gut. Nach ein paar Sekunden, vielleicht sind es auch Minuten, versuche ich erneut aufzustehen. Der bittere Geschmack des Schnaps ist immer noch in meinem Mund. Ich erblicke das Bowleglas, nahezu leer. Trinken will ich jetzt gar nichts mehr, aber das süße Obst soll meine Geschmacksnerven wieder beruhigen. Ich hole mir einen Löffel aus der Schublade, setze mich an den Küchentisch und denke mir, es ist Obstsalat, während ich die eingeweichten Obststücke vom Boden des Glases futtere.

«Ja also dann, schönen Abend euch noch und danke für die Einladung», höre ich Stimmen im Flur vor der Küchentür. «Wobei, schöne Nacht trifft es wohl besser». Jetzt sehe ich auch Opa, der Herr Eckmaier zur Tür begleitet. Ich hebe kurz meine Hand zur Verabschiedung. Mag nicht sprechen und schon gar nicht aufstehen. «Sie will noch mal Karaoke singen hat sie gemeint», höre ich eine Frauenstimme. «Dann lass sie. Komm jetzt Marina, sie findet den Weg auch ohne uns», antwortet Herr Eckmaier schon in seiner Jacke, zum Gehen bereit. Als kurz darauf die Haustür ins Schloss fällt, habe ich gerade das letzte Stück Obst aus der Schale gefischt. Irgendwas mittlerweile undefinierbares. Ich kann nicht sagen, ob das Birne, Honigmelone oder Mango war. Meine Geschmacksnerven sind immer noch nicht wieder hergestellt. Ich stehe auf und muss mich zunächst am Kühlschrank festhalten. Es hat den Eindruck, als bin ich mit zu viel Schwung aufgestanden und der Stuhl hat sich noch gedreht, wie vorhin bei Sandra. Doch hier in der Küche ist kein Drehstuhl. Ich schließe kurz die Augen, blicke dann zur Uhr an der Wand. Es ist gleich zehn, elf, nein falscher Zeiger. Ich kann nicht erkennen, welcher dieser zappelnden Streifen die Uhrzeit anzeigen soll. Mit langsamen Schritten mache ich mich auf den Weg aus der Küche. Es ist schon merklich ruhig geworden im Haus. Onkel Kurt treffe ich im Flur, er hat eine Schale mit Trauben in der Hand und eine Flasche unterm Arm geklemmt. «Wir gehen jetzt auch ins Bett. Hab eine gute Nacht», meint er im Vorbeigehen. Ich werfe noch einen kurzen Blick ins Wohnzimmer, wo Opa und Claus sich leise unterhalten, bevor ich nach oben gehe. Mir fallen schon die Augen zu und ich habe das Gefühl, die Treppen kommen näher. Ich halte mich am Geländer fest und setze vorsichtig einen Fuß vor den anderen. Zur Sicherheit taste ich nach der letzten Stufe mit der Hand am Boden, ob ich auch wirklich im oberen Stockwerk angekommen bin.

Nachdem ich davon überzeugt bin, richte ich mich wieder auf und verschwinde im Badezimmer. Ich schalte das Licht an und zucke erschrocken zusammen. Der helle Schein sorgt für einen stechenden Schmerz in meinem Kopf. Ich frage mich, wer mir da im Spiegel gegenübersteht und wende meinen Blick ab. Nachdem ich gepinkelt hab, ziehe ich meine Hose und mein T-Shirt aus und lege die Klamotten auf den Rand der Badewanne. Ich spüle meinen Mund noch mit klarem Wasser und haue dann erneut auf den Lichtschalter. Welch angenehme Dunkelheit. Leise öffne ich die Tür und trete, nur mit Boxershorts bekleidet, auf den Flur. Es sind ja nur ein paar Schritte zu meinem Zimmer und kalt ist mir auch nicht. Jeder Schritt fällt mir schwer und ich kann meine Augen kaum mehr offen halten, als ich in mein Bett steige. Aus dem Fenster sehe ich noch den Mond, der die Nacht erhellt und neben mir Sandra. Ich kneife die Augen zusammen, stammele dann «Was machst du denn hier?», wobei ich wieder den Eindruck habe, das Zimmer würde sich drehen. Sie legt mir ihren Zeigefinger auf den Mund und flüstert «Psst. Ich will dir nur eine gute Nacht wünschen».

Ich höre zwar die Worte, kann sie aber nicht begreifen. Mein Kopf tut weh, die Augen fallen mir zu und ich will nur noch schlafen. Es fühlt sich gut an, zu liegen. Ich bin müde. Nach einer Weile dreht sich auch das Zimmer nicht mehr, nur ein leichtes, angenehmes schaukeln.

23

Als ich aufwache, sind schon erste Sonnenstrahlen zu sehen. Ich hab Kopfweh und ich bin immer noch müde. Während ich noch versuche meine Gedanken zu ordnen, sehe ich Sandra neben mir liegen und schlafen. Bemüht, leise zu sein und nur dezent zu atmen, richte ich mich auf und betrachte, wie ihre Brust sich langsam auf und ab bewegt. Erst jetzt fällt mir auf, dass sie ein T-Shirt von mir an hat.

«Na, hast du gut geschlafen?», höre ich plötzlich Sandra´s Stimme. Ein Schreck fährt mir durch alle Glieder. Ich überlege, ob ich mich schlafend stellen soll, blicke im nächsten Moment aber peinlich berührt in ihr Gesicht.

«Ist schon okay, dass du guckst», grinst sie. Daraufhin steht sie auf und ich erkenne, dass sie außer meinem T-Shirt nichts an hat. Ich finde die Situation peinlich, möchte deswegen so schnell wie möglich raus und schlage die Bettdecke so schwungvoll zur Seite, dass sie vom Bett rutscht. Erst da erkenne ich, dass ich nackt bin. Mir stockt der Atem. Mein Herz pocht bis zum Anschlag und ich bin unfähig mich zu bewegen. Einzig eine Körperstelle reagiert unkontrolliert und richtet sich deutlich auf. Sandra kommt wieder ins Bett. Berührt mich. Ich kralle mich am Bettlaken fest. Die Berührungen sind schön. Noch nie spürte ich eine andere Hand außer meiner eigenen. Sie kommt näher. Sandra ist über mir, blickt mir in die Augen. «Eine zweite Runde», flüstert sie. Dann bin ich auch schon von einem anderen, noch nie dagewesenen Eindruck überwältigt. Sie beugt sich nach vorne, streift sich mein T-Shirt ab. Sandra´s Busen ist vor meinen Augen. Als sie sich zu mir runter bückt und sich unsere Lippen treffen, spüre ich ihre Brüste auf meiner Haut. Alles so warm und weich. Langsam bewegt sie sich. Sie küsst mich auf den Hals bevor sie sich wieder aufrichtet. Mein Atem wird schneller, ihre Bewegungen auch. Sie weiß genau, was sie tut. Ich habe wieder das Gefühl, als würde sich das Zimmer drehen, doch diesmal auf eine angenehme Art und Weise. Sandra lehnt sich etwas nach hinten, ich bewundere ihren Körper. Immer schneller bewegt sie sich auf und ab, ich spüre ihre Füße in meinen Kniekehlen. Unser Atem wird lauter. Dann explodiere ich in ihr. Ich schnappe nach Luft, will irgendwie meine Emotionen raus lassen. Noch einmal zuckt mein Unterleib, ehe Sandra langsam hinab gleitet und sich neben mir in die Kissen fallen lässt. Mit zwei Fingern streicht sie mir über die Wange und meint « Das war doch schöner als vorhin.»

Ich schließe die Augen. Was ist hier geschehen? Wie konnte das passieren? Es war so schön.

Noch einige Momente liegen wir schweigend nebeneinander. Sandra ist die erste, die die Stille bricht. «Ich sollte langsam mal nach Hause», meint sie und blickt sich nach ihren Klamotten um. Auch ich richte mich auf, greife nach der Bettdecke. Im Prinzip ist es jetzt ja egal, aber ich will nicht so nackt vor ihr stehen. Halbwegs in die Bettdecke gewickelt gehe ich zum Schrank rüber und nehme mir eine Boxershorts bevor ich mich zu Sandra umdrehe. Auch sie trägt inzwischen zumindest wieder ihre Unterwäsche.

Ein paar Minuten später bin ich angezogen und öffne vorsichtig die Zimmertür. Noch scheint es still im Haus und ich signalisiere Sandra mit einer Handbewegung, dass sie kommen soll. Schweigend geht sie an mir vorbei aus dem Zimmer. Ich folge ihr die Treppe nach unten. Die Überreste von letzter Nacht sind im Haus noch deutlich zu sehen. Wir steuern die Tür an, in der

Hoffnung, dass uns keiner ertappt. Unsere Blicke treffen sich. Immer noch fällt kein Wort. Sandra bückt sich zu ihren Stiefeln, greift dann nach ihrer Jacke. Bevor sie schließlich das Haus verlässt, gibt sie mir einen leichten Kuss auf die Wange und flüstert «Frohes neues.»

Kaum ist sie aus dem Haus schließe ich die Tür hinter ihr und lehne mich an die Wand. Was war das für eine Nacht. Ich atme tief durch und gehe dann in die Küche um mir ein Glas Wasser zu nehmen. Mein Blick fällt auf die fast leere Bowleschüssel. Noch ein paar Stücke Obst schwimmen in einem Rest Flüssigkeit. Mir wird übel.

Angewidert mache ich mich auf den Weg zurück nach oben, wo ich mich auf mein Bett fallen lasse.

24

Irgendwann war ich dann nochmal eingeschlafen. Als ich auf die Uhr schaue ist es nach zehn. Ich stehe langsam auf und gehe ins Bad. Das kalte Wasser im Nacken hilft gegen die Kopfschmerzen. Zumindest für einen kurzen Moment. Ich blicke in mein Spiegelbild. Dann wird mir schlecht und ich schaffe es noch gerade rechtzeitig meinen Kopf über die Kloschüssel zu halten. Mein Magen krampft sich zusammen und bringt den Inhalt wieder hervor. Noch zwei, drei mal muss ich würgen bis ich Tränen in den Augen habe. Danach spüle ich mir meinen Mund mit Wasser aus und halte mich am Waschbecken fest. Ich wage nicht, in den Spiegel zu blicken. Zu sehr schäme ich mich für das was geschehen ist. Der Kopfschmerz kommt pochend zurück. Ich habe den ersten Kater meines Lebens. Langsam gehe ich wieder rüber in mein Zimmer. Mein Blick fällt auf das Foto von Alina welches neben dem Nachttisch auf dem Boden liegt. Wieder krampft sich mein Magen zusammen. Ich mache das Fenster auf und sauge die klare, kalte Luft ein. Vereinzelt liegen noch Überreste der Raketen im Schnee, Rauch steigt aus den Kaminen der Häuser auf. Für ein paar Minuten blicke ich gedankenverloren in die Landschaft, ehe ich das Fenster schließe und langsam nach unten zu den anderen gehe.

Der erste Eindruck, den ich habe ist, dass es verdammt laut ist. Bin aber froh drüber, dass es mir offenbar nicht allein schlecht geht. Onkel Kurt schaut mich aus kleinen Augen an und winkt mir nur zu anstatt etwas zu sagen. Mir ist auch nicht nach reden. Vor allem will ich keine Fragen beantworten müssen. Aber wie es scheint, hat niemand mitbekommen, dass ich heute Nacht nicht allein gewesen bin.

Der erste Tag des Jahres vergeht recht schnell. So gut wie alle sind müde nach der langen Nacht und wir verbringen den Tag sehr ruhig. Vor allem verglichen mit gestern. Als ich am Nachmittag auf dem Sofa gerade dagegen ankämpfe, dass mir die Augen zufallen, höre ich Oma aus der Küche meinen Namen rufen. Ich drehe mich etwas zu schwungvoll zur Seite, was zu einem stechenden Schmerz in meinem Kopf und dem Gefühl, dass sich das Zimmer dreht, führt. Langsam stehe ich auf und gehe Richtung Küche, wobei ich noch ein Gähnen unterdrücke. Meine Oma scheint mich schon zu erwarten, denn sie sieht, mit einem

Geschirrtuch in der Hand, direkt zur Tür als ich an der Küche ankomme.

«Dominik, sei doch so lieb und bring die Schüssel rüber zu den Eckmaiers. Es ist alles abgespült.»

Ich muss schlucken, damit hatte ich jetzt nicht gerechnet. Oma blickt auffordernd zur strahlend sauberen Bowleschüssel.

Da mir keine plausible Ausrede einfällt, bleibt mir nichts anderes übrig, als der Aufforderung zu folgen. Oma hilft mir, die Glasschüssel vorsichtig in die Tasche zu stecken und ich nehme die empfindliche Fracht an mich. Unerwartet emotionslos verlasse ich kurz darauf das Haus. Ich kann nicht sagen, dass ich mich auf Sandra freue, andererseits ist mein Kopf noch damit beschäftigt, die Ereignisse der letzten 24 Stunden zu verarbeiten. Ich will einfach nur die blöde Bowleschüssel zurückbringen. Vielleicht sollte ich sie einfach vor der Tür abstellen und schnell wieder verschwinden ?

Der Weg zum Haus der Eckmaiers ist zu kurz, als dass ich meinen gedanklichen Kampf ausfechten könnte. Da es mir doch zunehmend kalt wird, drücke ich auf den Klingelknopf. Es dauert nicht lang, bis sich die Tür öffnet und Herr Eckmaier mir ein freundliches «Hallo Dominik» entgegen ruft. Schreit er wirklich so laut oder kommt es mir nur so vor? Da er keine Anstalten macht, mir die Tasche abzunehmen, folge ich ihm ins Haus.

«Stell die Tasche einfach da ab», meint er. Noch bevor ich die Tasche auf dem Boden abgestellt habe, ertönt sein nächster lauter Ruf durchs Haus. «Sandra, Besuch für dich.»

Was soll das denn? Zum Glück waren es nur noch Millimeter, die mir die Tasche mit der Glasschale aus den Händen rutscht und auf den Boden fällt. Noch bevor ich etwas entgegnen kann erscheint Sandra im Flur. «Hey Dipsy», meint sie mit einem Grinsen. «Magst du was trinken?»

Um irgendwas zu sagen, antworte ich mit «Ja», woraufhin sie mich in die Küche lotst. Ich bin verdammt froh, dass Sandra nach einer Limonadenflasche greift. Allein der Gedanke an ein gefülltes Bowleglas lässt meinen Magen rebellieren.

«Wie geht's dir?», frage ich sie, wobei ich aber lieber mit meinem Blick den Sekundenzeiger auf der Uhr an der Wand verfolge, anstatt Sandra in die Augen zu sehen.

«Mir geht´s prima. Hab ausgeschlafen und alles ist gut. Aber dich scheint die Party mitgenommen zu haben. Bist du wohl noch nicht so gewohnt. Gehst du nicht am Wochenende feiern? Einfach mal die Sau rauslassen.»

«Doch schon, manchmal», stammele ich eine Erklärung. Wobei sie genau weiß, dass mich die letzte Nacht in verschiedener Hinsicht überfordert hat.

«Aber schön war's doch, oder?», fragt sie, als sie ihr Glas abstellt.

Ihr Blick sucht den meinen und ich kann nicht anders, als ihr in die Augen zu blicken. Ohne wirklich darüber nachzudenken nicke ich.

«Hast du Bock morgen mit Ski fahren zu gehen?»

Für einen kurzen Moment sehe ich uns beide mitten im Schnee, dann fällt mir aber ein, dass ich keine passenden Klamotten bei habe und überhaupt nicht Ski fahren kann.

«Nee, das ist nix für mich. Wir sind nur noch zwei Tage hier und meine Großeltern fänden es bestimmt nicht gut, wenn ich mich dann aus dem Staub mache.»

Wahrscheinlich hätten die beiden nicht mal was dagegen, aber ich will sie nicht fragen. Ich mag nicht riskieren, schon wieder vor Sandra liegen bei einer Sache, die sie besser kann als ich.

Sandra zuckt mit den Schultern. «Kannst es dir ja noch überlegen.» Sie öffnet eine Schublade am Küchenschrank und holt einen Stift und einen Zettel raus.

«Wir wollen morgen früh gegen halb neun los. Ich schreib dir meine Handynummer auf, melde dich einfach, wenn du es dir überlegt hast.»

Mit einem Blick, tief in meine Augen hält sie mir den Zettel entgegen. Noch bevor meine Finger das Papier berühren meint sie «Gib mir auch mal deine Handynummer.» Ich nenne ihr meine Nummer, werfe aber gleich hinterher, dass sie damit wenig anfangen kann. «Ich hab mein Handy aber daheim vergessen.» Sie schüttelt nur mit dem Kopf «Du weißt schon, dass die Teile Mobiltelefon heißen, damit man sie mobil überall mit hin nimmt. Das Handy wäre das letzte was ich vergessen würde. Das ist die beste Erfindung der Menschheit.»

Wieder so ein Satz, der mir zeigt, dass wir im Prinzip aus verschiedenen Welten kommen, weil unsere Ansichten teilweise so grundverschieden sind. Ob das am Internatsleben liegt?

«Kommst du noch mit hoch in mein Zimmer?»

«Nein, ich muss wieder rüber. Wollte nur kurz eure Schale zurück bringen.»

«Gut, wie du willst.»

Wir verabschieden uns und sie bringt mich zur Tür. Sandra hat ihre Hand zwar schon auf der Türklinke, drückt diese jedoch noch nicht nach unten. Stattdessen macht sie einen Schritt auf mich zu. Ihr Gesicht kommt näher an meines, bis ich ihre Lippen auf meinem Mund spüre. Zeitgleich stellt sie ihr rechtes Bein zwischen meine, ich spüre sie an meiner empfindsamsten Stelle, was dazu führt, dass mein Körper sofort wieder reagiert. Zum Glück bleibt die Beule in meiner Hose weitestgehend verborgen.

«Lass das, wenn deine Eltern uns sehen.»

«Ich wollte ja in mein Zimmer.»

Ich schüttele leicht mit dem Kopf und Sandra sagt «Wie du meinst», während sie die Tür öffnet.

Noch ein kurzer Kuss und ich verlasse das Haus. Ohne mich noch einmal umzudrehen laufe ich zurück zum Haus meiner Großeltern.

Als ich am Abend in meinem Bett liege, geht mir die Situation vom Nachmittag nicht aus dem Kopf. Was meinte Sandra damit, dass sie in ihr Zimmer wollte. Was wäre da passiert? Ich war gestern schon in ihrem Zimmer, da hat sie mich zum ersten mal geküsst. Hätten wir wieder miteinander geschlafen, wenn ich mit hoch gegangen wäre?

25

Wieder werde ich durch Stimmen und dem Geräusch von Autotüren, die zugeschlagen werden, um meinen Schlaf gebracht. Ich schaue auf die Uhr. Noch nicht mal halb acht. Der Gedanke, jetzt auch aufzubrechen um mich auf wackeligen Brettern durch den Schnee zu bewegen, klingt immer noch nicht attraktiv. Sportliche Betätigung am frühen Morgen war noch nie mein Fall. Ich drehe mich um und ziehe die Bettdecke über den Kopf. Doch mit einmal bin ich hellwach. Meine Gedanken kreisen um Sandra. Jedoch nicht beim Ski fahren. Egal wie ich mich drehe und wende, einschlafen kann ich nicht mehr. Deshalb entscheide ich mich, aufzustehen und unter die Dusche zu gehen.

Später frühstücken wir alle gemeinsam, bevor Mama´s Cousin und seine Eltern nach Hause aufbrechen. Die drei haben es nicht ganz so weit, wohnen in der Nähe von München und schauen jeden Monat mal vorbei. Eine Tatsache, die Claus meiner Mutter bei jeder Meinungsverschiedenheit aufs Brot schmiert. Klar mache auch ich mir schon mal Gedanken, was ist, wenn mit Oma oder Opa was passiert? Das ist ja der Lauf des Lebens, auch wenn man ihn in seinem Umfeld nicht wahrhaben will. Ab einem gewissen Alter wird das Ende absehbar. Anders als es bei Paps der Fall war. Vielleicht sollte ich in den Sommerferien auch mal her kommen um Zeit mit den beiden zu verbringen. Ich kenne die Gegend hier fast nur im Schnee.

Onkel Kurt und Jessica planen ihren nächsten Urlaub irgendwo im Mittelmeer. Also genau genommen auf einer Insel dort. Da sie in einem Reisebüro arbeitet, ist es kein Wunder, dass sie die ganzen Urlaubskataloge auswendig kennt und von Geheimtipps schwärmt. Es klingt fast so, als wolle sie uns andere überzeugen, eine Reise dorthin zu buchen. Der Blick aus dem Fenster ist das krasse Gegenteil von ihren Erzählungen von Sonne, Strand und Meer. Trotzdem kommt bei mir kein Fernweh auf.

Die Stimmung ist den ganzen Tag über angenehm und entspannt.

Nach dem Mittagessen schwinge ich mit Opa die Axt. Wir zerhacken Holzscheite für den Kamin. Zum Glück bin ich dabei einigermaßen treffsicher,

Opa muss sich keine Sorgen machen, dass die Axt in der Hauswand landet. Ich bin aber froh, dass ich das nicht jede Woche machen muss. Ist mit der Zeit ziemlich anstrengend. Da gefällt es mir besser, einfach nur die Heizung aufdrehen zu müssen um es warm im Zimmer zu haben. Hier geraten wir selbst bei einsetzendem Schneefall und Minustemperaturen ins Schwitzen.

Am Mittag liefern wir uns noch eine Partie Monopoly. Ich hoffe, im wahren Leben kann ich besser mit Geld umgehen, als bei diesem Spiel. Sonst dürfte es ein böses Ende mit mir nehmen. Ich musste an diesem Mittag allein dreimal ins Gefängnis. Direkt, ohne über Los zu gehen.

Nach dem Abendbrot holt Oma alte Fotoalben aus dem Schrank. Kinderfotos meiner Mutter sind genauso dabei, wie Fotos von den gemeinsamen Weihnachtsferien, als Paps noch mit hier war. Auf einem Foto sind er und ich, zusammen mit einem Schneemann, welcher so groß ist wie ich. Am Rand steht noch ein blondes Mädchen an der Hand eines Mannes. Zuerst denke ich, es sei Stephanie, doch die muss damals noch ein Baby gewesen sein. Sollte es Sandra sein, da auf dem Bild?

«Wer sind die beiden da rechts?» frage ich Oma. «Das sind unsere Nachbarn, die Eckmaiers», bestätigt sie meine Vermutung. Beide haben sich aber völlig verändert. Ich nehme das Foto aus der Folie und drehe es um. '1996' steht auf der Rückseite. Da war ich gerade mal sechs Jahre alt. Und noch größer als Sandra.

26

Donnerstag. Es ist später Nachmittag, als ich in mein Zimmer komme. In mein wirkliches Zimmer, daheim in Mannheim. Ich bin müde. Ich habe den Eindruck, dass heute alle Leute mit dem Zug unterwegs waren. Und gefühlt, alle im selben wie wir. Die drei Stunden Fahrt fühlten sich viel länger an. Ich stelle meinen Koffer auf den Boden, werfe meine Jacke über den Stuhl und lasse mich auf mein Bett fallen. Es ist bereits der 4. Januar, was nichts anderes heißt, als dass die Ferien schon fast wieder zu Ende sind. Was waren das für Ferien.

Ich erblicke mein Handy auf dem Schreibtisch. Das Display ist leer, der Akku hat die zwei Wochen ohne mich nicht ausgehalten. Damit es sich wieder erholt, schließe ich es gleich an das Ladekabel an. Erst danach packe ich meine Sachen aus. Als ich das Shirt, welches ich Silvester getragen hab, aus dem Koffer hole, fährt mir ein warmer Stich in den Magen. Ich bilde mir ein, noch Sandra´s Parfum riechen zu können. Gestern hatten wir uns nochmal kurz gesehen. Sie hat vom Skifahren geschwärmt, und meinte, es hätte mir sicher auch viel Spaß gemacht. Egal, ist vergangen.

Zum Abschied haben wir uns nochmal geküsst. So richtig. Das ist mein Andenken an die Ferien. Wir hatten wunderbare Momente miteinander, aber das soll es jetzt auch gewesen sein. Ich habe mir das die letzten Tage so zusammengereimt. Sandra sehe ich, wenn überhaupt, erst an Weihnachten wieder. Bis dahin ist noch jede Menge Zeit und so beschließe ich, ein kleines Feriengeheimnis für mich zu behalten. Während ich so in meinem Zimmer sitze, drängt Alina immer mehr in meinen Kopf. Ich überlege, ob ich mich direkt bei ihr melden soll, entscheide mich aber dagegen. Das Shirt, mit dem Duft nach Sandra liegt noch auf meinem Bett. Mein nächster Gedankengang ist, ob ich Maxim ein frohes neues Jahr wünschen soll? Ja bestimmt, aber noch nicht jetzt. Alina würde davon erfahren und hätte kein Verständnis, dass ich mich nicht bei ihr melde. Ich sitze eine Weile stumm da und blicke aus dem Fenster, bis die Dunkelheit den Tag verschluckt.

Ein Freizeichen. Wieder und wieder, aber niemand hebt ab. Wie schon vor zehn Minuten. Ich stelle mittlerweile fest, dass sich meine Planung, die Ferien einfach aus meinem Kopf zu streichen, nicht wirklich umsetzen lassen. Ehrlich gesagt, ist im Moment nichts anderes in meinem Hirn. Ich muss mit jemandem darüber reden, bevor mein Kopf platzt. Darum wähle ich zum dritten mal die Nummer von Armin. Freizeichen. Er hat gesagt, ich könne mich jederzeit an ihn wenden, wenn mich etwas bedrückt oder ich reden will. Das ist jetzt der Fall und ich könnte mir auch niemanden anderen vorstellen, mit dem ich darüber jetzt reden könnte, außer meinen Gitarrenlehrer. Ich weiß nicht, wie oft es in mein Ohr getutet hat, bis ich wieder auflege. Später versuche ich es noch einmal, mit dem gleichen Ergebnis. Ich bin mir sicher, er hätte mir gesagt, wenn er in Urlaub gefahren wäre. Oder hab ich es am Ende nicht mitbekommen, weil ich so sehr mit mir selbst beschäftigt war?

Auf meinem Handy sind zahlreiche Nachrichten von Alina aufgelaufen. Angefangen von netten Grüßen, kleinen Liebesbekundungen, irritiertes Nachfragen warum ich nicht antworte... es hat ein Bisschen gedauert, bis sie verstanden hat, dass ich ihre Nachrichten nicht bekomme. Die 24. SMS ist dann schon richtig böse. Ich hätte es auch gleich sagen können, wenn es mir nicht ernst ist. Das hat gesessen. Scheinbar hat Alina die Situation völlig falsch eingeschätzt und denkt, ich will nichts mehr von ihr wissen. Mein Daumen drückt unbewusst auf die Antworten-Taste, ohne dass ich jetzt genau weiß, was ich ihr sagen soll. Ich schreibe dann aber doch, dass wir jetzt wieder daheim sind und ich mein Handy hier vergessen habe, weswegen ich erst jetzt auf ihre Nachrichten reagieren kann. In einer zweiten SMS schicke ich hinterher, dass ich mich sehr über mich geärgert und sie an Weihnachten total vermisst habe. Nachdem ich beide Nachrichten abgeschickt habe, schaue ich noch eine Minute gedankenverloren auf das Handy in meiner Hand. Außer der Uhrzeit ändert sich nichts auf dem Display. Noch heute morgen war ich von meinem Lösungsansatz überzeugt, die letzte Woche einfach aus meiner Erinnerung zu streichen. Jetzt weiß ich gar nicht mehr, was ich tun soll. Erneut wähle ich Armin´s Nummer. Mit dem bekannten Ergebnis.

Es dauert knapp eine Stunde, bis mein Handy einen Laut von sich gibt. Mit 'Ach so' beginnt die SMS von Alina. Sie scheint jetzt zumindest nicht sauer zu sein. Wäre ja auch blöd und es gibt ja keinen Grund dazu, schließlich kann es jedem mal passieren, dass man das Handy vergisst. Ich hab es ja bestimmt nicht mit Absicht getan. Gerade als meine Mundwinkel für einen kurzen Augenblick nach oben zucken, kommen die Erinnerungen an die Silvesternacht zurück in meinen Kopf. Und mit ihnen die Vermutung, dass Alina wohl doch einen Grund hätte, sauer zu sein. Das will ich in jedem Fall verhindern. Wir verabreden uns für morgen Mittag bei ihr. Bis dahin muss ich meine Gedanken ordnen und mich auf das konzentrieren, was ich beeinflussen kann und nicht auf die Vergangenheit, wie beeindruckend auch immer diese ist.

Als ich am Abend in meinem Bett liege, komme ich endlich zur Ruhe, bin mit mir und meiner Lösung der verzwickten Situation zufrieden. Ich freue mich darauf, morgen Alina wieder zu sehen. Bevor am Montag die Schule wieder losgeht, will ich noch viel Zeit mit ihr verbringen. Das wird mir helfen, Sandra aus dem Kopf zu kriegen.

27

Hier in Mannheim liegt kein Schnee mehr. Der Blick aus dem Fenster an diesem Morgen ist nach den zwei Wochen im tief verschneiten Bayern noch ungewohnt. Da heute Morgen noch immer keine Nachricht von Armin gekommen ist, versuche ich ein weiteres mal, ihn anzurufen. Nichts. Bei Alina soll ich um 14 Uhr sein. Bis dahin ist noch genug Zeit und so entscheide ich mich, Armin einen kurzen Besuch abzustatten. Vielleicht ist sein Telefon einfach nur kaputt. Es kann ja blöde Zufälle geben. Ich möchte ihm noch ein gutes neues Jahr wünschen und außerdem will ich ihm davon erzählen, was in den Ferien passiert ist. Vielleicht hat er noch einen Tipp, wie ich es am besten anstelle, damit ich vor Alina nicht blöd dastehe. Er hat mir schon oft die Augen geöffnet und mir Mut zugesprochen. Das könnte ich jetzt auch gebrauchen.

Es ist kurz nach halb eins als ich vor seinem Wohnhaus ankomme. Sein Auto steht vor der Tür, also gehe ich mal davon aus, dass er daheim ist. Ich drücke auf den Klingelknopf. Nichts geschieht. Noch einmal klingele ich. Als sich die Tür daraufhin auch nicht öffnet, gehe ich ein paar Schritte zurück und versuche, von hier durch das Wohnzimmerfenster der Erdgeschosswohnung zu sehen. Doch mehr außer der Gardine erkenne ich nicht. Ich greife nach meinem Handy, wähle Armin´s Nummer. Den Klingelton seines Telefons hört man sogar hier draußen. Es funktioniert also. Nochmals drücke ich auf die Klingel, will mir nicht eingestehen, dass er offensichtlich nicht zu Hause ist. Ich gehe zu seinem Auto auf dem Parkplatz. Auf dem Rücksitz liegt ein Pulli und eine Mappe. Nichts besonderes. Ich warte ein paar Minuten, dann gehe ich nochmal zur Haustür und drücke auf die Klingel. Ich bin mir bewusst, dass dies offensichtlich sinnlos ist, doch ich weiß im Moment nichts besseres mit mir anzufangen. Enttäuscht blicke ich die Straße entlang. Eine Frau geht mit ihrem Kind an der Hand zum Supermarkt, auf der anderen Straßenseite kommt ein Typ mit einer Reisetasche unterm Arm. Die Hand ist verbunden und als ich an dem muskelbepackten Kerl nach oben schaue, sehe ich, dass er auch ein blaues Auge hat und ein Pflaster über der Stirn. Mir wird mulmig, als er die Straße überquert und auf mich zu kommt. Ich versuche mich unauffällig zu verhalten, gehe ein paar Schritte vom Haus zurück und blicke nochmals in Richtung Fenster.

«Hey, kann ich dir helfen?»

Als der Typ mit der Reisetasche direkt hinter mir steht, schrecke ich zusammen. Er ist locker einen Kopf größer als ich. Wohnt der etwa auch in dem Haus? Ich schüttele nur den Kopf, woraufhin er einen Schlüssel aus seiner Jackentasche holt und kurz darauf die Haustür aufschließt. Nicht gewillt, ihm weitere Auskünfte zu geben, nutze ich die Gelegenheit und betrete, mit etwas Abstand, hinter ihm das Haus. Mir bleibt die Luft weg, als er vor Armin´s Wohnungstür stehen bleibt und den Schlüssel ins Schloss steckt.

«Was willst du hier?», raunst der Typ mich an. Er lässt die Tasche mehr zu Boden fallen als sie abzustellen und macht mit einer Handbewegung deutlich, dass er nun eine Antwort erwartet. Ich will noch einen Schritt nach hinten gehen, doch dort ist bereits die Wand. Ich spüre wie mir warm wird und ich anfange zu schwitzen. Also antworte ich, mit bemüht fester Stimme «Ich will zu Armin .»

«Wieso?» fragt er regungslos zurück.

«Einfach so, er ist mein Gitarrenlehrer. Ich wollte nur kurz vorbeikommen.» Er fährt sich mit der unverletzten Hand durchs Haar, blickt sich erst im Treppenhaus um, ehe er antwortet «Ach so, ja das wird wohl nix mit deiner Gitarrenstunde heute. Komm mit rein.»

Mit dieser Antwort kann ich jetzt überhaupt nix anfangen. Wieso sollte ich mit einem völlig fremden in Armin´s Wohnung gehen? Ich folge ihm schließlich doch, weil ich wissen will, was los ist. «Ich habe heute keine Gitarrenstunde bei Armin,» sage ich, um ihm eine Erklärung zu liefern. «Erst nächste Woche wieder».

Der Kerl blickt mich an, meint dann «Das wird nichts. Wie heißt du?» Ich fühle mich immer mehr wie im falschen Film, hab keine Ahnung, was hier vor sich geht. Eigentlich wollte ich Armin nur kurz in mein Feriengeheimnis einweihen und dann weiter zu Alina.

«Ich bin Dominik, Armin kannte schon meinen Vater und gibt mir Gitarrenunterricht.»

«Ach, du bist das. Armin hat viel von dir erzählt.»

Na toll. Umgekehrt kann ich das nicht behaupten, denke ich mir, sage aber «Und wer sind Sie? Wo ist Armin denn?»

Der Typ kratzt sich am Kopf, bevor er erzählt. «Es gab da einen Zwischenfall einen Tag vor Silvester. Wir waren auf einer Party und auf dem Rückweg sind wir ein paar Kerlen begegnet, die auf Krawall aus waren. Beleidigungen sind uns ja nicht unbekannt, aber sie haben uns angegriffen, wollten Armin´s Uhr haben.» Er seufzt, macht eine kurze Pause bevor er weiter spricht. «Dann ging alles ganz schnell. Armin hat sich gewehrt, hat einen von denen geschubst, dass der auf den Boden gestürzt ist. Kurz darauf kam der Bastard wie aus dem nichts wieder, mit einer Flasche. Sie ist auf Armin´s Kopf in hunderte Teile zersprungen. Überall war Blut und sie haben noch auf ihn eingetreten, als er am Boden lag.»

Ich verstehe zwar die Worte, bin jedoch noch nicht in der Lage, diese in einen Zusammenhang zu bringen.

«Ach ja, ich bin übrigens Torben. Seit zwei Jahren der Lebensgefährte von Armin.»

Ich muss schlucken. Da dachte ich, es sei einfach nur sein Telefon kaputt, dabei liegt Armin schwer verletzt im Krankenhaus. Ich blicke Torben an, noch immer wollen keine Worte aus meinem

Mund kommen. Schließlich stammele ich «Ich wusste ja nicht, Armin hat nie was gesagt...»

«Was nicht gesagt? Dass er schwul ist? Er war eigentlich immer vorsichtig, hat es nicht an die große Glocke gehängt, wollte Ärger vermeiden. Hat bis letzte Woche auch immer gut funktioniert.»

Ich sehe, dass Torben´s Augen feucht werden und auch mir läuft eine Träne über die Wange. Auf einmal habe ich ganz viele Gedanken im Kopf, denke an meinen Vater, an die Gitarrenstunde mit Armin und sehe auf der Uhr, dass nicht mehr viel Zeit bleibt, wenn ich pünktlich bei Alina sein will.

«Wie geht es ihm?», frage ich, obwohl ich mir nach der gehörten Schilderung denken kann, dass es nicht gut sein kann.

Torben blickt aus dem Fenster. «Er ist zwar nicht mehr in Lebensgefahr, aber die Ärzte können nicht ausschließen, dass er bleibende Schäden behält. Er ist zwar ansprechbar, aber erinnert sich an nichts.» Ich spüre wie es mir wie ein kalter Schauer den Rücken runter läuft, bin unfähig etwas zu sagen. Ich kann es einfach nicht glauben, dass er einfach so zusammengeschlagen wurde. Armin ist so ein netter Mensch. Der Raum kommt mir plötzlich unsagbar eng vor. Mit brüchiger Stimme meine ich zu Torben «Ich geb dir mal meine Handynummer. Sagst du mir Bescheid, wenn du neues von Armin weißt?» Er greift nach seinem Handy und ich nenne ihm meine Nummer, welche er direkt eintippt. Anschließend verabschieden wir uns. Kurz und knapp.

Als ich draußen bin, bleibe ich ein paar Meter weiter an einer Bushaltestelle stehen und setze mich auf die Bank. Ich brauche jetzt frische Luft um alles zu verarbeiten. Ein Bus kommt, fährt weiter. Ich bleibe noch eine Weile sitzen. Erst als zwei jüngere, laut lachende Mädchen an die Haltestelle kommen, stehe ich auf und gehe weiter. Ich blicke auf mein Handydisplay um die Uhrzeit zu erfahren. Auch wenn ich mich nun wirklich beeilen sollte, gehe ich kurzentschlossen in ein Blumengeschäft und kaufe eine rote Rose für Alina. Es dauert eine gefühlte Ewigkeit, bis die Verkäuferin das Wechselgeld aus der Kasse beisammen hat. Eilig will ich die Münzen in meine Hosentasche stecken, da die Straßenbahn in einer Minute kommt. Es klimpert und scheppert auf dem Boden und mein Wechselgeld verteilt sich im Laden. Das hat mir jetzt noch gefehlt. Schnell bücke ich mich und greife nach den Münzen, die ich erblicken kann, bevor ich wortlos und ohne noch einmal aufzublicken aus dem Laden stürme. Die letzten Meter muss ich rennen, um die Straßenbahn noch zu bekommen. Ziemlich außer Puste bin ich dann aber doch drin. Es ist viel los an diesem Mittag. Die meisten Leute sind zum Ferienende noch unterwegs. Ich versuche mich an der Stange festzuhalten, freie Sitzplätze hat es in dieser Bahn keine mehr. Es sind ja nur sieben Stationen, das wird auch so gehen. Kurz darauf wollen noch mehr Leute in die Bahn, weshalb alle noch ein wenig mehr zusammen rücken. Ich spüre, wie es in meiner Jackentasche vibriert und taste vorsichtig nach meinem Handy. Gerade als ich es zu fassen bekomme, hört es auf zu klingeln. Im Display erblicke ich eine mir unbekannte Handynummer. Ich beschließe, mich später damit zu beschäftigen und lasse das Handy wieder in die Jacke gleiten. In diesem Moment bremst die Straßenbahn ruckartig ab. Ich gerate ins Wanken, versuche irgendwo festen Halt zu bekommen, da fällt die Blume zu Boden. Noch bevor ich es realisiere, tritt der Mann vor mir auch schon drauf. Er murmelt etwas wie eine Entschuldigung und ich bücke mich zwar noch, habe aber keine Hoffnung mehr, dass die Rose noch heil geblieben ist. Der Blick unter das Papier bestätigt meine

Befürchtung. Als ich an der nächsten Haltestelle aussteige, lasse ich die Rose sogleich im Mülleimer verschwinden. Ich versuche, mich nicht darüber zu ärgern und denke an Alina. Dann kaufe ich ihr beim nächsten Mal halt einen ganzen Strauß Rosen. Erst als ich schon vor dem Haus ankomme, fällt mir der entgangene Telefonanruf wieder ein. Ich schaue nochmals kurz auf das Handy. Da es keine Nummer ist, welche ich gespeichert habe, kommt mir der Gedanke, dass es wohl Torben ist, der angerufen hat. Gibt es vielleicht neues von Armin? Ich entscheide mich, ihn später zurück zurufen und klingele an der Tür der Familie Alt. Es dauert eine Weile, bis sich im Haus etwas tut. Als ich schon ein zweites Mal klingeln will, öffnet sich die Tür und Frau Alt begrüßt mich freundlich. Wir wechseln ein paar Worte und ich sehe zu, dass ich schnell hoch zu Alina komme, bevor ich noch gefragt werde, wie meine Ferien waren. Mit jedem Schritt die Treppen hoch, werden meine Knie zittriger. Ich bin richtig nervös als ich vor Alina´s Zimmer ankomme. Wie gut würde sich jetzt eine Rose in meiner Hand machen, denke ich mir. Diese würde die Aufmerksamkeit auf sich ziehen und mir Zeit zum durchatmen geben. Die Zimmertür ist nur angelehnt. Ich klopfe leicht und öffne sie dann. „Da bist du ja endlich, Domi-Schatz", strahlt Alina mich an. Mit offenen Armen kommt sie auf mich zu und fällt mir um den Hals, unsere Lippen finden zueinander. Ich lege meine Arme um sie. Eng umschlungen stehen wir in der Mitte ihres Zimmers und küssen uns lange und intensiv.

Für den Moment vergesse ich alles um uns herum, genieße es nur ihren Körper, ihren Atem zu spüren. Der Duft ihres Parfums berührt meine Sinne und ich möchte sie nicht loslassen. Immer wieder finden unsere Lippen zueinander, tanzen auch bis zum Hals, die Hände wandern auf Haut und wir bewegen uns langsam zu ihrem Bett, auf welches wir uns fallen lassen. «Ich hab dich so vermisst», sagt Alina, schon spürbar außer Atem. Wir kuscheln und sie schließt die Augen als sie ihren Kopf auf meine Schulter legt. Mit ihrer Hand geht sie unter meinen Pullover, streichelt um meinen Bauchnabel. Ich genieße die Berührungen, das Kribbeln, spüre wie meine Hose im Schritt enger wird. Ich habe meinen Arm um ihren Rücken, streichele sanft bis zum Rand ihrer Hose. Aus dem Nebenzimmer hört man ein Lachen, Anastasia´s und Maxim´s Stimmen. Alina schlägt die Augen auf und grinst. Mit der knisternden Luft ist es nun erst mal vorüber. Sie richtet sich auf. «Magst du was trinken?», fragt sie. Mein Mund ist zu trocken, als dass ich antworten könnte, weshalb ich nur nicke. Alina steht auf, geht zur Tür. Ich schaue ihr nach, überlege einen Moment, ob ich ihr folgen soll, bleibe aber liegen. Ich strecke mich, inhaliere den Duft ihres Parfums, der sich auf der Bettdecke verteilt hat. Wieder höre ich Maxim. Jedoch nur Wortfetzen, zu wenig, als dass ich dem Gespräch der beiden folgen könnte. Kurz darauf kommt Alina wieder. In der Hand eine Flasche Sprudel und zwei Gläser. Mit dem Po gibt sie der Tür einen Stoß, dass diese ins Schloss fällt. Wir zwei sind wieder allein. Ich stehe auf, gehe ihr entgegen um ihr ein Glas abzunehmen. Sie schenkt uns beiden ein, das Wasser prickelt auf der Zunge und ich hoffe, dass es gleich wieder an noch ganz anderen Stellen prickelt. Alina stellt ihr Glas ab und meint «Wir können nachher mit meiner Schwester und Maxim zusammen 'Singstar' spielen. Das haben wir zu Weihnachten bekommen, macht voll Spaß.»

Ich schlucke.

Als mein Glas leer ist, schenke ich mir nochmal Wasser nach, nur um etwas zu tun. Mit meinem Blick verfolge ich eine Sprudelblase, wie sie vom Flaschenboden aufsteigt, bis Alina meint «Soll ich dir zeigen, was ich noch zu Weihnachten bekommen habe?» Ohne auf eine Antwort zu warten geht sie zu ihrem Schrank.

Kurz darauf kommt sie mit einem Pullover zu mir. «Schau mal, ganz kuschelig, wie eine Katze. Den zieh ich das nächste Mal an, wenn wir Eislaufen gehen.» Ja, doch, dieser Gedanke gefällt mir dann wieder. «Wollen wir gleich morgen gehen? Bevor Montag die Schule wieder los geht?», frage ich sie spontan. Sie streicht mit der Hand über den Pulli und lehnt ihren Kopf an meine Brust. «Ja, gerne», antwortet sie.

Wir reden und kuscheln noch weiter und ich erzähle ihr auch, dass mein Gitarrenlehrer einen Unfall hatte. Die meisten Details, die ich vorhin erfahren habe, lasse ich aber aus. «Du musst mir unbedingt mal was vorspielen», meint Alina mit ihrem zuckersüßen Lächeln. «Das werde ich. Aber lass mich erst noch ein wenig mehr üben. Vielleicht schreibe ich dann sogar einen Song für dich», gebe ich mit einem Augenzwinkern zurück. Dieser Gedanke würde mir ja durchaus gefallen, jedoch könnte ich zum jetzigen Zeitpunkt noch kein Stück fehlerfrei spielen und von Songschreiben will ich gar nicht reden. Aber wer weiß, irgendwann mal vielleicht. Mit Armin's Hilfe könnte ich möglicherweise auch das lernen.

Die meisten Musiker schreiben doch für ihre Frauen oder behaupten dies zumindest. Auf diese Weise könnte ich Alina sicher beeindrucken.

Ich mache mich dann am Nachmittag auch schon auf den Heimweg, sage ihr, ich will noch versuchen, Armin zu erreichen. Das ist ja nicht wirklich gelogen, vor allem aber umgehe ich auf diese Weise, tatsächlich an der Playstation singen zu müssen. Betrunken an Silvester war eine Sache, aber heute würde ich wohl kaum einen Ton treffen. Und anders als in Bayern, wäre es mir hier nicht egal.

28

Als ich auf mein Handy blicke, sehe ich die Erinnerung an den verpassten Anruf von vorhin. Ich laufe die Straße entlang zur Haltestelle, in der Hoffnung, auf gute Nachrichten. Wie gerne würde ich mit Armin direkt über diese verfahrene Situation reden. Ich tippe auf zurückrufen und lausche dem Tuten. Freizeichen. Niemand hebt ab. Ich ärgere mich, nicht vorhin schon ran gegangen zu sein. Es ist schließlich wichtig und wahrscheinlich hätte Alina auch Verständnis dafür gehabt. Da niemand dran geht, stecke ich das Handy wieder in die Jackentasche. Erst jetzt bemerke ich den Schneeregen, der niedergeht. Ganz leise und kaum spürbar, aber stark genug um schon nasse Haare zu haben. Als ich die Kreuzung erreiche, spüre ich es in der Jacke vibrieren. Eilig greife ich nach meinem Handy. Es ist wieder die gleiche Nummer wie am Mittag. «Hallo», melde ich mich aufgeregt.

Ich höre die Worte.

Ich erkenne die Stimme.

Es ist nicht Torben.

«Und weil ich unsere Verabschiedung doof fand, hab ich mir von meinem Dad das Auto geliehen und komme dich besuchen. Ich bin schon fast in Mannheim. Bin gespannt wie du so wohnst.»

Selbst wenn ich wüsste, was ich darauf antworten sollte, könnte ich es nicht. Mein Mund ist ganz trocken, die Zunge fühlt sich schwer an. Mir wird plötzlich eiskalt und ich spüre wie ich anfange zu schwitzen. Sandra kann unmöglich hier sein. Ich habe sie doch eben erst erfolgreich aus meinen Gedanken verbannt. Ich blicke mich um, der Regen wird stärker. Die Sonne ist kaum mehr zu sehen am trüb-grauen Himmel über mir. Der Abend bricht schon an. Ich sehe die Straßenbahn kommen und beginne zu rennen. Ich drücke auf den Knopf, damit die Türe sich öffnet. Doch anstatt einzusteigen, drehe ich mich noch einmal um. Ich kann jetzt auf keinen Fall nach Hause, wenn Sandra dort auftaucht. Die Gedanken überschlagen sich in meinem Kopf. Soll ich jetzt nochmal zurück zu Alina und ihr von Sandra erzählen?

Ohne zu wissen, was ich denn will, laufe ich los. Ich greife nach meinem Handy. Alina hat mir geschrieben.

Regen peitscht mir ins Gesicht. Ich will gerade die Nachricht lesen, da höre ich ein ohrenbetäubendes Quietschen. Ich blicke auf, Scheinwerfer kommen näher auf mich zu, blenden mich. Ich sehe das Auto direkt vor mir. Der Fahrer schaut mich mit weit aufgerissenen Augen an und scheint irgendwas zu rufen. Doch ich kann nichts mehr hören.

Mir fällt das Handy aus der Hand.

Ich sehe nur noch das Licht.

Ich spüre eine Hand an meiner Schulter. Mit meiner Zunge versuche ich, die Feuchtigkeit von meinen Lippen zu lecken. Ich bin so durstig. Was ist das für ein Lärm? Ich höre Stimmen, Geräusche, fühle, wie mich jemand anfasst. Am Kopf, an der Brust, an den Beinen. Doch ich sehe nichts. Alles ist verschwommen, als wäre ich unter Wasser. Wieder versuche ich, die Flüssigkeit an den Lippen aufzusaugen, spüre, wie sie mir über den Mundwinkel läuft. Es schmeckt nicht nach Wasser. Ich muss husten. Die Stimmen werden noch lauter. Ein lauter Schlag und plötzlich fängt alles an zu wackeln. Ich versuche irgendwo Halt zu finden, bis ich merke, dass sich nur alles um mich herum bewegt. Noch ein lautes Geräusch kommt dazu. Ich versuche etwas zu sagen, spüre dann einen Stich am Arm. Kurz darauf interessiert mich das alles nicht mehr.

Ich schlage die Augen auf. Langsam, ganz langsam. Es wirkt alles so hell, obwohl ich nur auf eine weiße Wand blicke. Ich versuche, meinen Kopf zu drehen. Alles was ich sehe, ist nur noch mehr von der weißen Wand. Und es kommt mir vor, als würde jemand mit einer Taschenlampe direkt in meine Richtung scheinen. Ich höre ein Piepen an meinem Ohr, wie von einem Insekt. Ich will es mit der Hand weg jagen, doch ich kann meinen Arm nicht heben. Meine Sinne versuchen das Ganze zu begreifen, da kommt ein neues Geräusch hinzu. Zwei Menschen tauchen in meinem Blickfeld auf.

«Schön, dass du aufwachst», sagt der Mann, der nun vor mir steht. «Wir haben uns solche Sorgen gemacht», ergänzt die Frau neben ihm mit brüchiger Stimme. Obwohl die beiden vor der weißen Wand stehen, klingen sie ganz dumpf und weit entfernt. Ich versuche, etwas zu antworten, doch bringe keine Worte aus dem Mund, nur ein undeutliches Krächzen. Gefolgt von einem Hustenanfall, der sich anfühlt, als würde jemand das ganze Zimmer schütteln. In etwa so wie bei einer Schneekugel. Doch es fliegen keine Schneeflocken herum. Die beiden Leute kommen näher. Sie reden und obwohl ich ihnen zuhöre, verstehe ich nicht, was sie sagen. Es ist in etwa wie bei meinem Mathelehrer. Ich kenne zwar die Worte, verstehe aber nicht den Sinn. Der Mann steht nun links neben mir, nur noch zur Hälfte in meinem Sichtfeld. Ich kann nicht erkennen was er dort macht. Ich versuche meinen Kopf zur Seite zu drehen, um ihn zu beobachten, doch ich kann den Kopf nicht bewegen. Die Frau greift nach meinem rechten Arm. Sie streicht darüber, diese Berührung kann ich ganz leicht spüren. Auf wen der beiden sollte ich mich nun konzentrieren? Meine Augen werden schwer. Einer der beiden sagt etwas von Schlafen. Das klingt gut. Ich bin müde. Bevor ich mich entscheide, wem von den beiden ich mehr Aufmerksamkeit schenken soll, schlafe ich ein.

«Dominik, Dominik», höre ich es rufen. Ich presse die Augen fester zusammen. Ich will einfach nur schlafen. Kann dieser Dominik nicht endlich kommen? Ich drehe mich zur Seite, will die Bettdecke übers Ohr ziehen, doch ein stechender Schmerz am Handgelenk hält mich davon ab. Wieder ruft jemand nach einem Dominik.

Widerwillig öffne ich die Augen, will mich umsehen, was hier los ist. Ich erschrecke, fünf Leute stehen im Zimmer, alle blicken sie zu mir. Was wollen sie? Und wer sind diese Menschen? Gefühlt fangen alle gleichzeitig an zu sprechen. Was für ein Lärm!

Montag, 8. Januar 2007 steht ganz oben auf dem Zettel, welcher neben meinem Frühstück liegt. Mein Name ist Dominik Reichenbach und ich bin 16 Jahre alt. Sagen die Leute. Mittlerweile glaube ich es ihnen.

Ich befinde mich im Theresienkrankenhaus. Was genau passiert ist, weiß ich nicht. Man hat es mir zwar schon ein paar Mal erzählt, aber erinnern kann ich mich nicht daran. Die Frau, welche die letzten Tage immer da war, ist meine Mutter, das hab ich jetzt kapiert. Der Mann neben ihr war aber nicht mein Vater, sondern Arzt. Mein Vater lebt nicht mehr. Daran erinnere ich mich. Er starb bei einem Autounfall. Ich soll auch einen Unfall mit einem Auto gehabt haben, aber es war nicht der gleiche. Und außerdem habe ich doch gar keinen Führerschein. Der Arzt hat gemeint, irgendwann würde ich mich an alles wieder erinnern. Die Frage ist nur, will ich das?

Gestern war auch meine kleine Schwester da. Stephanie. Klar erinnere ich mich an sie, man vergisst seine Familie doch nicht. Ich bin doch noch nicht senil. Ihr scheint es gut zu gehen, offenbar hatte sie keinen Unfall.

Es sind generell ständig irgendwelche Leute im Zimmer, die auf mich einreden und wissen wollen, wie es mir geht oder ob ich mich an weitere Dinge erinnern kann. Es ist manchmal anstrengend, den vielen Worten zu folgen. Ich würde denen ja gerne eine Antwort geben, aber ich habe keine Ahnung was war, bevor ich hier im Krankenhaus gelandet bin.

Gestern Nachmittag war aber eine besonders nette hier. Sie hatte braune Locken und hat sogar geweint als sie bei mir stand. Sie hat die ganze Zeit gemeint, ich solle mich an die Zeit vor dem Unfall erinnern und mir dabei über die Wange gestreichelt. Sie hat davon erzählt, mit mir Eislaufen gehen zu wollen. Dabei kann ich mich kaum bewegen. Ich hab ihr dann gesagt, sie soll mich in Ruhe lassen.

Wieder öffnet sich die Tür. Ein Pfleger schiebt einen Mann im Rollstuhl ins Zimmer. Unsere Blicke treffen sich. Er hat eine geschwollene Lippe und einen Verband am Kopf, dennoch bin ich mir sicher ihn zu kennen. Ich kann mich zwar nicht an seinen Namen erinnern, habe aber gleich Musikklänge im Kopf.

«Mensch Dominik, dass wir beide uns hier wiedersehen hätte wohl niemand erwartet. Was ist passiert?»

«Ich weiß es nicht», antworte ich ehrlich «Und mit dir?»

«Das willst du nicht wissen.»